PHYSIOCRATIE,

OU

CONSTITUTION NATURELLE

DU GOUVERNEMENT

LE PLUS AVANTAGEUX AU GENRE HUMAIN,

Non oderis laboriosa opera, et Rusticationem creatam ab Altissimo.

Ecclesiast. C.VII. V.16.

D. Jeaurat inv. *M.e Ozanne Sculp.*

QUI OPERATUR TERRAM SUAM,

SATIABITUR.

Prov. C.XII. V.11.

PHYSIOCRATIE,

OU

CONSTITUTION NATURELLE

DU GOUVERNEMENT

LE PLUS AVANTAGEUX AU GENRE HUMAIN.

RECUEIL publié par DU PONT, *des Sociétés Royales d'Agriculture de Soissons & d'Orléans, & Correspondant de la Société d'Émulation de Londres.*

Ex naturâ, jus, ordo, & leges.
Ex homine, arbitrium, regimen, & coercitio. F. Q.

A LEYDE,

Et se trouve A PARIS,

Chez MERLIN, Libraire, rue de la Harpe.

M. DCC. LXVIII.

On prie instamment les Lecteurs de vouloir bien commencer par corriger à la plume les fautes suivantes qui sont échappées malgré les soins qu'on a apportés à cette Edition.

Dans le Discours de l'Éditeur.

Page xij, *ligne 6*, c'est lui de qui, *mettez*, c'est de lui que.

Page xxxvij, *ligne* 10, ôtez le point & la virgule, *mettez* une virgule simple.

Ligne 12, mettez un point & une virgule au lieu d'une simple virgule.

Page l, *ligne* 2, le partage, *mettez*, l'ordre.

Page xcix, *à la note*, *ligne pénultieme*, comme la raison, *mettez*, comme gouverne la raison.

Dans les observations sur le Tableau economique.

Page 68, *ligne* 14, luxe de subsistance, *mettez*, faste de subsistance.

Page 81, *à la fin de la derniere ligne du texte*, *ajoutez*, étendu.

Dans l'Avis de l'Editeur qui precede les Maximes.

Page 1 de l'Avis, & 101 de l'Ouvrage, à la ligne 7 en remontant, *qui forment l'ordre*, mettez, *conformes à l'ordre*.

Dans les Maximes.

Page 118, *ligne* 2, d'agriculture, *mettez*, de l'agriculture.

Dans les Notes sur les Maximes.

Page 130, *à la premiere ligne de l'alinea.* Il y a eu une Nation, *rayez* eu, *de sorte qu'il reste*, Il y a une Nation.

Page 134, *ligne* 11, *rayez* &.

Ibid, *ligne* 12, *après* l'impôt, *mettez une virgule*.

Page 142, *ligne* 7 en remontant, *homini*, mettez *homine*.

Page 150, *ligne* 22, 27, *mettez* 17.

Page 161, *ligne* 10, *avant* les revenus, *ajoutez*, que deviendroient, *& finissez la phrase par* un point exclamatif.

DISCOURS

DE L'ÉDITEUR.

Je rassemble, sous un titre général & commun, des Traités particuliers qui ont servi à mon instruction, & qui pourront servir à celle des autres. Leur Auteur m'en a donné la plûpart successivement pour en enrichir un Ouvrage périodique, dont j'étais alors chargé, & qui a pour objet l'accroissement d'une Science essentielle au bonheur de l'humanité (*). Il ne suffit point à mon zèle de les avoir consignés séparément dans des volumes détachés. Je crois devoir les

(*) Le Journal de l'Agriculture, du Commerce & des Finances.

rapprocher pour rendre leurs rapports plus ſenſibles, & pour en former un corps de doctrine déterminé & complet, qui expoſe avec évidence le *droit naturel* des hommes, *l'ordre naturel* de la Société, & les *loix naturelles* les plus avantageuſes poſſibles aux *hommes* réunis en *ſociété*.

Ces trois grands objets ſont très diſtincts, & cependant ſont *eſſentiellement* liés enſemble. Ce ſerait les mal connaître que de les confondre. Ce ſerait vouloir ne les connaître jamais dans toute leur étendue, que de les étudier d'une maniere iſolée, & ſans examiner leurs rapports.

Le Droit naturel de l'homme, dans ſon ſens primitif le plus

général, eſt *le droit que l'homme a de faire ce qui lui eſt avantageux ;* ou, comme dit l'Auteur dont je publie aujourd'hui quelques écrits, *le droit que l'homme a aux choſes propres à ſa jouiſſance.*

Ce *droit* eſt aſſujetti, par la Nature même, à des relations qui en varient tellement l'uſage, qu'on eſt obligé de le définir ainſi d'une maniere générale, qui embraſſe vaguement tous les différens états où l'homme peut ſe trouver.

Mais dans quelques circonſtances qu'on nous ſuppoſe ; ſoit que nous vivions iſolés, ou en troupe, ou en ſociété réguliere, notre *droit aux choſes propres à notre jouiſſance* eſt fondé ſur une condition impérieuſe par laquelle *nous ſommes chargés de notre conſerva-*

tion ſous peine de ſouffrance & de mort. Le dernier degré de ſévérité de la punition décernée par cette *loi* ſouveraine eſt ſuperieur à tout autre intérêt & à toute loi arbitraire.

L'uſage du *droit de faire ce qui nous eſt avantageux* ſuppoſe néceſſairement *la connaiſſance de ce qui nous eſt avantageux*. Il eſt de l'eſſence de ce *droit* d'être *éclairé* par la réflexion, par le jugement, par l'arithmétique phyſique & morale, par le calcul évident de notre véritable intérêt. Sans quoi, au lieu d'employer nos facultés à faire *ce qui nous ſerait avantageux*, nous les employerions ſouvent à faire *ce qui nous ſerait nuiſible*. Alors on ne pourrait pas dire que nous uſaſſions de notre *droit na-*

turel; & il exiſterait entre le principe de notre conduite & la plûpart de ſes effets une groſſiere & funeſte contradiction. Il eſt donc ſenſible que l'exercice de notre *droit naturel* eſt évidemment & néceſſairement déterminé par des cauſes abſolues que notre intelligence doit étudier & reconnaître clairement, auxquelles elle eſt obligée de ſe ſoumettre exactement, & hors de l'enchaînement deſquelles nous ne pouvons faire aucune action licite ni raiſonnable.

Le *droit aux choſes propres à ſa jouiſſance* exiſtait pour le premier homme. Il exiſte pour un homme abſolument iſolé. Conſidéré même rigoureuſement & uniquement dans ce premier point de vue, il précede *l'ordre ſocial*, ainſi que tout juſte & tout injuſte relatifs. Mais dans ce cas comme dans tout autre, il n'en eſt pas moins ſoumis par ſon eſſence aux *loix phyſiques* de *l'ordre naturel* & général de l'univers. Dans ce cas, comme dans tout autre, il ne peut être employé ſûrement que ſous la direction de la raiſon *éclairée*. Dans ce cas, comme dans tout autre, il eſt aſſujetti à des bornes différentes de celles du pouvoir phyſique inſtantané de l'individu, & à des *régles* évidentes & ſouveraines, deſquelles l'individu ne pourrait s'écarter en aucune façon, qu'à ſon propre préjudice.

Un homme exactement ſeul dans une iſle déſerte ſemble avoir le choix d'agir ou de ſe livrer au repos. Mais, comme nous l'avons remarqué, il eſt chargé par la Nature même de pourvoir à ſa conſervation *ſous peine de ſouffrance & de mort.* A moins qu'il ne ſoit inſenſé, il ſe gardera donc bien de reſter oiſif. Il travaillera pour ſe procurer de la pâture & pour établir ſa ſûreté contre les attaques des autres animaux. Il reconnaîtra même qu'il ne ſuffit pas de ſatisfaire par un travail paſſager au beſoin du moment; il cherchera à ramaſſer & à conſerver des proviſions pour ſubvenir aux accidens, & pour jouir dans les ſaiſons où la terre refuſe ſes fruits. Autrement il ne ferait pas uſage du *droit* qu'il a *de faire ce qui lui eſt avantageux*; il ne remplirait pas le *devoir* qui lui eſt impérieuſement prefcrit par la Nature ; & l'effet irréfiftible d'une *loi* naturelle le punirait promptement & févérement de fa négligence.

Si au lieu d'un homme feul, c'était plufieurs hommes qui fe rencontraffent dans un pays inculte ; il eft certain qu'ils auraient le pouvoir phyfique de fe combattre les uns les autres ; que le plus fort aurait le pouvoir phyfique d'enlever *quelquefois* la pâture du plus faible ; que deux faibles réunis, que le plus faible même, à la faveur de la rufe, de la furprife, ou de l'adreffe, aurait quelquefois le pouvoir phyfique de vaincre le plus fort, de lui ravir fa proie & même la vie. Mais il eft également certain qu'ils fe garderaient bien de tenir une conduite auffi dangereuſe, auſſi déſordonnée, auſſi infructueuſe, auſſi propre à les détourner mutuellement du travail néceſſaire pour aſſurer leur ſubſiſtance, & dont le péril extrême & palpable ſerait auſſi viſiblement réciproque. Ils appercevraient d'abord *évidemment* qu'un tel état de guerre les conduirait à périr *tous* à la fin ; & qu'en attendant cette fin cruelle, ils ſeraient *tous* réduits à mener une vie très miſérable, dans laquelle *aucun* d'eux ne jouirait, & ne pourrait même eſpérer de jouir de ſon *droit de faire ce qui lui ſerait avantageux.*

Or les hommes n'ont rien de plus intéreſſant que de s'aſſurer la jouiſſance de ce *droit* fondamental. Avertis les uns & les autres par des beſoins preſſans de la néceſſité d'employer leurs forces phyſiques, afin de pourvoir à leur propre conſervation, loin d'en faire uſage pour ſe nuire, pour ſe détruire réciproquement, le beſoin mutuel, la crainte, l'intérêt, la raiſon enfin, leur feraient réunir ces mêmes forces pour le bien de tous; les ſoumettraient à des régles naturelles de juſtice & même de bienfaiſance réciproque; établiraient néceſſairement entre eux des conventions ſociales, tacites ou formelles, pour aſſurer à chacun l'uſage licite de ſon *droit naturel*, de ſon *droit aux choſes propres à ſa jouiſſance*, ou en d'autres termes, *la liberté de profiter des avantages qu'il peut retirer de l'ordre naturel.*

L'ORDRE NATUREL eſt la *conſ-*

titution physique que Dieu même a donnée à l'univers, & par laquelle tout s'opére dans la Nature. En ce sens général & vaste, *l'ordre naturel* précéde de beaucoup le *droit naturel* de l'homme ; il s'étend bien au-delà de l'homme & de ce qui l'intéresse ; il embrasse la totalité des êtres.

Mais quand on envisage cet *ordre* suprême relativement à l'espece humaine, on voit qu'il doit renfermer, qu'il renferme en effet dans le plus grand détail, tous les biens physiques auxquels nous pouvons prétendre, & l'institution sociale qui nous est propre.

C'est *l'ordre naturel* qui nous soumet à des besoins physiques.

C'est lui qui nous environne de moyens physiques pour satisfaire à ces besoins. C'est par lui que tout effet a nécessairement sa cause, que toute cause a ses effets directs. C'est lui de qui nous tenons le don précieux de pouvoir étudier & reconnaître évidemment cet admirable enchaînement de causes & d'effets, dans les choses sur lesquelles il nous est possible d'étendre l'usage de nos sens & de notre raison. C'est donc lui qui nous prescrit souverainement des *loix naturelles* auxquelles nous devons nous conformer & nous soumettre, sous peine de perdre, en raison proportionnelle de nos erreurs & de notre égarement, la faculté de faire *ce qui nous serait avantageux*, & d'être ainsi privés de l'uſage de notre *droit naturel.*

LES LOIX NATURELLES conſidérées en général, ſont les *conditions eſſentielles ſelon leſquelles tout s'exécute dans l'ordre inſtitué par l'Auteur de la Nature.* Elles different de *l'ordre*, comme la partie differe du tout. Il en exiſte ſans doute une immenſe quantité qui nous ſeront éternellement inconnues, qui n'ont aucun rapport à l'homme, & dont il ne ſerait même pas ſage de nous occuper ; car c'eſt pour nous une aſſez grande affaire que celle de ſonger efficacement aux moyens d'accroîrre & d'aſſurer notre bonheur.

Ces moyens ſont évidemment indiqués par les *loix naturelles* de la portion de *l'ordre général phyſi-*

que, directement relative au genre humain.

LES LOIX NATURELLES priſes en ce ſens, qui nous eſt relatif, ſont les *conditions eſſentielles auxquelles les hommes ſont aſſujettis pour s'aſſurer tous les avantages que l'ordre naturel peut leur procurer.* Elles déterminent irrévocablement d'après notre eſſence même & celle des autres êtres, quel uſage nous devons néceſſairement faire de nos facultés pour parvenir à ſatisfaire nos beſoins & nos deſirs; pour jouir, dans tous les cas, de toute l'étendue de notre *droit naturel*; pour être, dans toutes les circonſtances, auſſi heureux qu'il nous eſt poſſible.

Ce ſont ces *loix de nature* qui preſcrivent la réunion des hommes en ſociété, & qui fixent les régles de cette réunion d'après les droits, les devoirs, & l'intérêt manifeſte de tous & de chacun.

L'homme iſolé ſerait expoſé à mille accidens; il manquerait ſouvent des forces dont il aurait beſoin pour le ſuccès de ſon travail; une maladie, une chûte violente, une jambe caſſée, un pied démis, le condamneraient à mourir de faim. Il ſerait donc puiſſamment excité par l'*évidence* de ſon intérêt à s'aſſocier avec ſes ſemblables, quand même il ne naîtrait pas en ſociété. Mais la longueur & la faibleſſe de ſon enfance établiſſent, même dans l'état le plus ſauvage, une ſociété naturelle entre les peres, les meres & les enfans, qui ſurviennent en grand nombre avant que les aînés ſoient en état de ſe paſſer du ſecours de leurs parens.

Dans cette aſſociation primitive, la ſenſation vive & toujours préſente du beſoin réciproque, jointe aux mouvemens de l'attrait naturel, non-ſeulement proſcrit toute uſurpation entre les co-aſſociés, mais aſſure à chaque individu tous les ſecours qui peuvent lui être néceſſaires de la part des autres individus & la participation à tous les avantages que la famille peut ſe procurer. Toute autre conduite ſerait funeſte à la famille, priverait ſes membres de l'uſage de leur *droit naturel*, & conduirait l'aſſociation & les aſſociés à leur deſtruction totale.

Il eſt évident par-là que les régles de l'aſſociation primitive ne

ſont

ſont pas des régles arbitraires, & que dès que pluſieurs hommes vivent enſemble ils ſont ſoumis par leur propre intérêt à un ORDRE NATUREL SOCIAL, à un ORDRE DE JUSTICE ESSENTIELLE qui *établit le droit réciproque des co-aſſociés ſur les* loix phyſiques *qui aſſurent la ſubſiſtance des hommes, & ſur le* droit naturel *dont chacun d'eux doit jouir ſans uſurpation de ce qui appartient aux autres, & dont tous ne peuvent jouir* complettement, *ni aucun d'eux* ſûrement, *qu'à cette condition fondamentale.*

L'*ORDRE NATUREL ſocial*, fonde ſur l'expérience inconteſtable du bien & du mal phyſique, la connaiſſance évidente du bien & du mal moral, du juſte & de l'injuste par essence. Il offre à la prudence, à la morale, à la sagesse, à la vertu; des principes solides & des régles assurées. Il nous soumet pour notre bien à *l'observance* de plusieurs *loix naturelles.*

CES *LOIX NATURELLES de l'ordre social, auxquelles nous sommes essentiellement assujettis pour nous assurer la jouissance de tous les avantages que l'ordre social peut nous procurer*, embrassent toutes les relations dont nous sommes susceptibles. Elles décident, dans tous les cas, par l'évidence de notre intérêt réciproque, quelle conduite nous devons tenir avec nos semblables pour notre propre bonheur. Elles nous conduisent à toutes les institutions qui étendent notre félicité en multipliant nos rapports avec les autres hommes, & les occasions des secours mutuels entre eux & nous. Elles nous mènent à l'établissement de L'ORDRE LÉGITIME qui consiste dans *le droit de possession assuré & garanti par la force d'une autorité tutélaire & souveraine, aux hommes réunis en société.* Elles dictent toutes les *loix positives* qui doivent émaner de cette autorité, & qui ne peuvent, sans désordre & sans destruction, être que des *actes déclaratoires des loix naturelles de l'ordre social.*

ON VOIT, par cette chaîne de vérités souveraines, comment & pourquoi les hommes ne peuvent faire usage de leur *droit naturel*, qu'en ſe conformant à *l'ordre naturel*; comment & pourquoi ils ne peuvent jouir des biens auxquels *l'ordre naturel* leur permet d'aſpirer qu'en ſe ſoumettant aux conditions néceſſaires pour acquérir la jouiſſance de ces biens, qu'en obéiſſant aux *loix naturelles*.

Voilà le cercle évidemment tracé par la Nature pour le bonheur des hommes en ce monde. Voilà les limites dans leſquelles le Créateur a renfermé l'emploi utile de notre intelligence. Cette intelligence nous fut principalement donnée, afin que nous puſſions nous *inſtruire*, connaître & *juger* de nos *droits naturels* & de nos devoirs réciproques; nous *gouverner* conformément à *l'ordre naturel* ſocial; & établir des *loix po-*

ſitives pour *contraindre* les Citoyens ignorans, foux ou dépravés à la ſoumiſſion aux *loix naturelles* de la ſociété.

TELLE EST l'explication abrégée de l'épigraphe pleine de ſens que j'ai cru devoir placer à la tête de ce Recueil, & qui n'eſt que l'expreſſion d'une penſée de l'Auteur même des divers morceaux dont il eſt composé. Tel eſt le plan du Livre qui réſultera de cette collection de différens ouvrages qui avaient été ſéparés par les circonſtances, mais qui ſont attachés les uns aux autres par leur nature.

Le premier examine le *droit naturel* de l'homme ſous toutes ſes faces & par rapport à toutes ſes relations extérieures. *L'analyſe du*

Tableau économique, qui ſuit, offre aux yeux *l'ordre ſocial phyſique.* Les *Maximes générales du Gouvernement économique* qui terminent la marche, préſentent les *loix naturelles* de cet *ordre* évidemment le plus avantageux à la ſociété.

Après cette expoſition générale de la doctrine, j'ai ajouté à ce Recueil une ſeconde partie qui renferme des diſcuſſions & des développemens intéreſſans, quoique particuliers à quelques-unes des notions de l'économie politique. Mais c'eſt dans la premiere partie que le Lecteur pourra trouver une connaiſſance méthodique du *droit naturel*, de *l'ordre naturel ſocial*, des *loix naturelles à la ſociété*, de la néceſſité & des moyens d'y conformer notre conduite pour notre bonheur; & c'eſt dans cette connaiſſance évidente & ſuivie que conſiſte la ſcience de la *Phyſiocratie* ou de *l'ordre naturel eſſentiellement conſtitutif du Gouvernement le plus parfait.*

Je sais que quelques eſprits ſuperficiels, & peut-être auſſi quelques eſprits mal intentionnés, qui comme les corbeaux redoutent la réſurrection des morts, s'efforcent encore, autant qu'il eſt en eux, de faire méconnaître la poſſibilité de réduire à une ſcience phyſique, exacte, évidente & complette, celle du *droit* de *l'ordre*, des *loix* & du *Gouvernement naturels*, & voudraient du moins rendre problématiques les avantages qui doivent réſulter de l'étude & de la publicité d'une ſcience auſſi néceſſaire au genre humain.

Il ne faut pas répondre à des gens qui voient, qui ſavent, qui ſont forcés de convenir que nous avons la faculté d'acquérir une connaiſſance certaine de l'éther ſubtil, répandu dans tous les autres élémens; une connaiſſance aſſurée des révolutions des Satellites de Jupiter; une connaiſſance évidente des régles de l'arithmétique infinitéſimale, intégrale & différentielle, &c, &c; & qui prétendent nous perſuader que nous ne pouvons cependant nous procurer aucune régle évidente ſur la maniere dont nous devons nous conduire avec les autres hommes, & dont la ſociété doit être conſtituée pour que l'eſpece, les individus, & nous-mêmes ſur-tout, ſoyons le plus heureux qu'il eſt poſſible à notre nature ?

Je dis *le plus qu'il eſt poſſible à notre nature ;* car nous ne pouvons pas eſpérer, & pour peu que nous faſſions uſage de notre raiſon, nous ne pouvons pas même déſirer d'être plus heureux qu'il n'appartient à l'homme. Mais il eſt inſéparable de notre eſſence de déſirer de l'être autant qu'il nous ſoit poſſible. Or dès que nous renonçons à la prétention inſenſée de paſſer les limites ſacrées de la poſſibilité dans le bonheur auquel nous prétendons, nous ſommes certains que pour nous aſſurer la jouiſſance du plus haut dégré de félicité dont nous ſoyons ſuſceptibles, nous n'avons qu'à embraſſer les moyens qui y conduiſent ; car il y a des moyens certains pour parvenir à toute choſe poſſible, ſans quoi elle ne ſerait pas poſſible, & l'hypothèſe impliquerait contradiction.

CES MOYENS d'aſſurer notre bonheur ; ces régles ſouveraines de notre conduite ; ces *loix* de *l'ordre naturel* qui nous font connaître juſqu'où s'étend & où s'arrête l'uſage licite, profitable & raiſonnable de nos facultés, la jouiſſance de notre *droit naturel ;* ces principes évidens de la conſtitution la plus parfaite des ſociétés, ſe manifeſtent d'eux-mêmes à l'homme. Je ne veux pas dire ſeulement à l'homme inſtruit & ſtudieux ; mais même à l'homme ſimple, ſauvage, ſortant des mains de la Nature, borné encore aux premiers jugemens qui réſultent de ſes ſenſations.

Nous avons examiné plus haut (*) quelle ſerait la conduite *naturelle* d'une telle Peuplade d'hommes qui ſe rencontreraient dans un déſert. Il ne faut que ſuivre ici les conſéquences également *naturelles* de cette conduite pour voir que, dans la formation de la ſociété & dans ſes inſtitutions fondamentales, les hommes ſont *naturellement* guidés par une connaiſſance implicite de la *Phyſiocratie*, qui leur indique évidemment quels ſont leurs *devoirs*, en leur apprenant quels ſont leurs *droits*; qui mon-

---

(*) Pages viij, ix, x; xv & xvj.

tre à chacun d'eux la nécessité de la soumission à *l'ordre* établi par l'Être Suprême, jointe au pouvoir de jouir des biens auxquels il nous est permis de prétendre; la *loi* du travail à côté du *droit* d'acquérir les choses qui lui sont utiles ou agréables; le respect pour la *propriété* d'autrui, attaché à la sûreté de la sienne & comme premier garant de ses possessions.

Nous avons vu que, dans l'état primitif, la liberté, la sûreté, la *propriété personnelle*, sont naturellement reconnues de tous pour des droits *absolus* appartenans à chaque homme, & dont la jouissance est d'une nécessité *absolue* au bonheur, disons plus, à l'existence des hommes réunis. Toutes les institutions sociales découlent néceſſairement de cette premiere inſtitution naturelle, fondée ſur la loi impérieuſe qui oblige tout homme à employer ſa *perſonne*, ſes facultés, pour ſubvenir à ſes propres beſoins.

Déja la poſſeſſion des choſes acquiſes par le travail, la *propriété mobiliaire*, ſe trouve *eſſentiellement* liée à la *propriété perſonnelle*. C'eſt principalement parce qu'on a tous les jours beſoin d'acquérir & de conſommer des biens mobiliers, qu'il eſt ſi néceſſaire d'avoir la liberté, la *propriété de ſa perſonne*. C'eſt parce qu'on a, *de droit naturel*, la *propriété* de ſa perſonne, qu'on a le *droit* de réclamer contre tout autre ce qu'on a acquis par le travail, par *l'emploi de ſa perſonne*; de même, (pour me ſervir de l'expression énergique de J. J. ROUSSEAU) qu'on a *le droit de retirer son bras de la main d'un homme qui voudrait le retenir malgré nous*. On ne jouirait pas de soi-même, si l'on pouvait être privé par un autre homme de ce qu'on aurait acquis par *soi-même*; la paix si naturelle & si avantageuse à tous serait rompue. Nos hommes sauvages qui en connaissent tout le prix, qui en sentent l'indispensable nécessité pour leur existence & pour leur bonheur, ne sont point d'humeur à la rompre. Le calcul simple d'un intérêt réciproque & palpable, leur fait donc respecter la *propriété mobiliaire* d'autrui comme sa personne; parce que chacun d'eux veut avoir la jouissance paisible de ses propriétés personnelles & mobiliaires.

Ceci est confirmé par l'expérience universelle. Chez les Nations les moins policées, personne ne s'empare ni de la cabane, ni des meubles, ni des armes, ni de la pâture de son voisin. Ces hommes naturels portent même le respect pour la propriété d'autrui à un point de délicatesse qui étonne les ames rétrecies de nos peuples corrompus (*),

(*) » Les Sauvages (de la Louisiane) vont » chasser à trente ou quarante lieues de chez eux, » quelquefois plus loin. Quand ils ont tué un bœuf » ou quelque autre grosse bête qu'ils ne peuvent » transporter à leur cabane, ils mettent l'animal » au pied d'un arbre sur lequel ils pendent leur » carquois; puis coupant seulement la langue » de leur proie, ils vont chercher leur famille » qui vient emporter la bête, ou la manger sur » le lieu, si elle juge la peine du transport trop » considérable. Les autres Sauvages qui dans l'in» tervale passent auprès du cadavre, voyent le

quoiqu'il paraisse tout simple à ceux qui pésent l'extrême ascendant que la justice par essence doit

» carquois au-dessus, & disent, *un de nos freres* » *a passé par là.* Ils se garderaient bien de tou- » cher à l'animal mort, ou d'en enlever le plus » petit morceau. Le carquois les avertit que le » Chasseur viendra tout reprendre.» *Mémoires sur l'état de l'Amérique Septentrionale.*

» Les *Ostiakes* vivent dans toute la simplicité » naturelle. Ils sont très hospitaliers, & leur pro- » bité est extrême. Un voyageur, qui parcourait » la Sibérie, perdit sa bourse à quelque distance » de la maison d'un *Ostiake* chez lequel il avait » couché. Quelques jours après le fils de l'*Ostiake* » voit la bourse à terre, ne la ramasse pas, & » va dire à son pere que quelqu'un a perdu une » bourse qui paraît pleine d'or. Le Pere dit, *celui* » *qui l'a perdue en sera sans doute bien fâché; il* » *viendra la rechercher où il l'a perdue, il ne faut* » *pas l'en ôter. Mais afin qu'elle frappe moins* » *la vue de ceux à qui elle n'appartient pas & qui* » *ne la chercheront point, coupe quelques branches* » *d'arbre pour la couvrir.* Le fils obéit. Au bout » de plusieurs mois, l'étranger retournant de son » voyage, croyant sa bourse bien perdue & ne la

avoir

avoir ſur des hommes chez leſquels l'erreur & les préjugés n'ont point encore affaibli ſa voix.

Dans cet état d'aſſociation primitive & naturelle, les hommes n'ont beſoin ni d'autorité tutelaire & ſouveraine, ni de Magiſgiſtrats, ni de Loix poſitives. Ils ne pourraient faire les frais de ces établiſſemens protecteurs de la propriété ; car leur ſubſiſtance étant, pour ainſi dire, caſuelle ;

» cherchant nullement, paſſe par le même lieu & » revient loger chez le bon *Oſtiake*. Après le » repas il cauſe avec ſon hôte, ſe rappelle le » tems où il a déjà logé chez lui, la veille du » jour qu'il perdit ſa bourſe . . . . *Ah ! c'eſt donc* » *toi, mon frere*, interrompt l'Oſtiake, *qui as* » *perdu la bourſe ! je ſuis bien charmé que tu ſois* » *revenu. Elle eſt encore à la même place ; j'allais* » *voir de tems en tems, ſi le Propriétaire était venu* » *la reprendre. Mon fils va te conduire à l'endroit.* « Mêlanges intéreſſans & curieux, article de *Siberie*.

& chacun d'eux étant obligé de s'occuper *journellement* à rechercher la sienne & celle de sa famille, ils n'ont ni richesses, ni hommes disponibles à consacrer au maintien de l'ordre public. Leurs biens d'ailleurs sont peu considérables, & peu dispersés ; ils sont tous sous la garde immédiate & facile du possesseur. Le profit de l'usurpation la plus complette serait très-petit. Le danger en serait immense. Il n'est donc point surprenant que les devoirs réciproques soient religieusement remplis, & sans contrainte, & que l'habitude de les remplir éleve les hommes à un haut dégré de justice, de bienfaisance & de vertu. Il serait incompréhensible que cela fût autrement.

Cet état eſt heureux; il eſt certainement préférable à celui des hommes qui vivent dans une ſociété mal conſtituée, & dont les *loix poſitives* contrarient les *Loix de l'ordre naturel.* Mais par ſa nature il n'eſt pas durable, & même il eſt loin encore du meilleur état poſſible de l'humanité.

A moins que des circonſtances particulieres ne retardent les progrès naturels de ſes connaiſſances, l'homme s'apperçoit bientôt que les productions ſpontanées de la terre ne ſuffiſent pas à toutes les jouiſſances dont il eſt ſuſceptible, & qu'elles ſont en trop petite quantité pour lui fournir les moyens d'élever une poſtérité nombreuſe. Il cherche donc à multiplier celles qui lui ont paru les plus propres à ſa conſommation. Il devient agriculteur ; il défriche, il laboure, il plante, il ſeme ; les productions naiſſent autour de ſa cabane & deviennent plus abondantes de jour en jour ; ſes richeſſes augmentent ; ſa famille s'accroît. Dès-lors il n'y a plus moyen de s'arrêter ; l'état de ſimple aſſociation ne convient plus aux hommes ; il faut inſtituer des ſociétés régulieres ; il faut former des Corps politiques. Le premier grain de bled, confié à la terre, devient le germe aſſuré des Empires ; ils en réſultent auſſi *néceſſairement* que les épis que ce grain de bled fait éclorre.

La terre était habitée par des hommes que la nature, la juſtice, & l'intérêt, évidemment commun, rendaient *propriétaires* de leur *perſonne*, & des *richeſſes mobiliaires* acquiſes par le travail de leur perſonne. Dès que ces *propriétaires* ont fait uſage de leurs *propriétés*, perſonnelle & mobiliaire, pour cultiver quelques portions de cette terre, auparavant vague & de nul produit, ils deviennent *de droit naturel*; propriétaires *fonciers* des champs qu'ils ont défrichés & *mis en valeur*; puiſque cette *valeur*, que la terre a acquiſe par la culture, eſt le fruit de l'emploi de leur travail, de leur intelligence, de leur force, de leur *perſonne*, & de la dépenſe de richeſſes qui leur appartenaient *en propre*. Leur enlever la poſſeſſion de ce champ, ſerait leur ravir les richeſſes mobiliaires, & le travail perſonnel qu'ils ont consacrés à son exploitation, aux opérations préparatoires de son exploitation; ce serait violer leurs *propriétés* reconnues, & nos Sauvages confédérés conçoivent évidemment l'injustice & *le danger* d'un pareil attentat. Ils sentent l'utilité de la culture; ils voyent que personne n'en voudrait faire les frais s'il était exposé à les perdre. Ils seront donc frappés de la nécessité évidente de respecter mutuellement leurs *propriétés foncieres* à mesure qu'elles s'établiront par les dépenses & le travail, ou par les contrats licites.

Mais la culture & la *propriété fonciere* n'ont pour but que la *propriété des fruits* que la culture fait naître. Tout serait perdu si cette *propriété des fruits* n'était pas assurée comme celle du fonds, comme celle même que chaque individu a ſur ſa propre *perſonne*.

Ici commencent les difficultés. Depuis l'établiſſement de la culture, les richeſſes ſont plus conſidérables ; elles ſont répandues dans les champs ; elles paſſent les nuits ſur la terre ; & l'augmentation des ſubſiſtances rend de jour en jour les hommes plus nombreux, & par conſéquent moins unis. Le danger de l'uſurpation ſerait moindre que dans le premier état de l'humanité, le profit en ſerait plus grand, l'occaſion en eſt perpétuelle.

Il faut *de toute néceſſité* faire une inſtitution qui aſſure *l'obſervance* des loix de l'ordre ſocial, & qui rende les attentats ſur la propriété d'autrui aussi difficiles que dans le simple état d'association primitive, aussi contraires à l'intérêt même de ceux qui oseraient s'y livrer. Les propriétaires ne peuvent, après avoir travaillé le jour, veiller encore la nuit pour défendre leurs champs ; il faut établir une autorité publique, tutélaire & souveraine, qui, semblable en quelque façon à celle du Créateur du monde, soit présente par-tout & en tout tems, afin de veiller pour tous, afin de garantir & de défendre toutes les propriétés, afin de repousser toutes les usurpations. Voilà ce que sentiront, malgré eux, nos Sauvages devenus cultivateurs. Ils se hâteront d'élever au milieu d'eux cette autorité protectrice & bienfaisante. Ils armeront ſes dépoſitaires de tout le pouvoir néceſſaire pour remplir leurs importantes fonctions, & pour triompher de toutes les oppoſitions injuſtes que pourrait rencontrer leur miniſtere de paix & de proſpérité. Ils pourvoiront à toutes les dépenſes inſéparables de l'exercice d'un miniſtere ſi indiſpenſable. La culture lui a donné la naiſſance, la culture en fera les frais. Une partie de ce qu'elle produit, au-delà des dépenſes néceſſaires pour la perpétuer, ſera conſacrée à l'entretien de la force publique; & cette force, qui aſſurera la propriété, encouragera, par là même, à la recherche & à l'emploi de tous les moyens qui peuvent accroître les produits de la propriété. Ce produit des avances bien employées facilitera, amenera néceſſairement la formation & l'emploi de nouvelles avances encore plus productives. Les richeſſes multiplieront rapidement à l'ombre de la *propriété*. Le commerce ou les échanges, plus néceſſaires & plus fréquemment uſités, ſeront *libres* de droit & de fait entre des *propriétaires*, entre des hommes également *libres* de diſpoſer comme il leur plaît *de ce qui leur appartient*. L'induſtrie humaine ſera excitée par les plus puiſſans motifs, par la certitude de profiter du fruit de ſes peines. Les Arts naîtront. Les jouiſſances deviendront plus ſûres, plus variées, plus étendues : les hommes beaucoup plus nombreux & plus heureux.

Tout cela ſe fera tout ſeul, & réſultera *néceſſairement* de l'établiſſement de l'autorité conſervatrice des *propriétés*, comme l'inſtitution de cette autorité même réſulte *néceſſairement* de l'établiſſement de la culture. C'eſt pour étendre la jouiſſance de leur *droit naturel* que les hommes ſont devenus cultivateurs; c'eſt *l'ordre naturel*, qui les a conſtitué *propriétaires*, d'abord de leur perſonne, puis de leurs richeſſes mobiliaires, enfin des terres miſes en valeur par le concours & l'emploi de ces propriétés primitives; ce ſont les *loix naturelles* qui les obligent à ſe ſervir des moyens néceſſaires pour conſerver leurs *propriétés*, & qui les ont conduit à ſe mettre réciproquement ſous la protection les uns des autres, ſous celle d'une autorité tutélaire, miniſtre ſacré de l'intérêt *public*, dépositaire de la force *publique*, pour garantir envers & contre tous la ſeule choſe dont la conſervation importe au *public* & à tous les particuliers également, LA PROPRIÉTÉ. Il eſt impoſſible que dans ce commencement de ſociété réguliere le but & les cauſes de ſa formation ne ſoient pas très-évidens pour tous les membres de l'État & pour l'autorité qui le gouverne. C'eſt à une notion, implicite il eſt vrai, mais univerſelle de la *Phyſiocratie*, que cette autorité doit ſon exiſtence; il eſt impoſſible qu'elle ne gouverne pas *phyſiocratiquement*, & que la ſociété ne reſſente pas tous les bons effets d'un Gouvernement ſi conforme *à la nature* des choſes & à celle de l'homme.

Toutes les Nations agricoles ont dans leur origine passé par cette heureuse époque. Les Chinois seuls en ont su prolonger la durée, mais nous en trouvons des traces évidentes chez les Chaldéens, chez les Assyriens, chez les Medes, chez les premiers Perses, chez les anciens Egyptiens (*). Et si nous pouvions fouiller dans les annales des autres Peuples, nous verrions qu'en paraissant ici développer une hypothèse, nous faisons l'histoire universelle du commencement des Empires.

(*) Voyez le savant Traité de *Barnabé* BRISSON, *de Imperio veterum Persarum*. Voyez aussi celui de *Thomas* HYDE, intitulé : *Veterum Persarum, & Parthorum, & Medorum, religionis historia*. Voyez encore le premier volume de l'*histoire du ciel*, par M. *l'Abbé* PLUCHE.

Mais, dira-t-on, comment eſt-il donc arrivé qu'ils ſe ſoient preſque tous ſi prodigieuſement écartés de l'état de félicité dont ils jouiſſaient dans ces tems antiques & heureux ? Comment la *propriété*, ſi précieuſe, ſi néceſſaire au genre humain, ſi évidemment établie par *l'ordre naturel*, a-t-elle été diminuée, reſtrainte, violée, & preſque annullée de toutes parts ? Comment a-t-on pû venir au point d'oublier les loix eſſentielles de *l'ordre phyſique*, & celles de *l'ordre ſocial*, de méconnaître la ſource des richeſſes & les *droits* de ceux qui les font naître ? Comment l'oppreſſion, les prohibitions, les repréſailles, les jalouſies, les diſcordes, les haines, les guerres, les uſurpations ont-elles pû s'introduire dans les ſociétés ; y obſcurcir l'évidence de l'intérêt commun ; & ſubſtituer aux *loix naturelles*, immuables, ſaintes, & peu nombreuſes de *l'ordre ſocial*, les volontés ou plutôt les caprices arbitraires & mobiles de l'autorité, ſoit monocratique, ſoit ariſtocratique, ſoit démocratique ?

Je ne puis diſconvenir que ce ne ſoient là des queſtions qui ſe préſentent naturellement ; triſtes, mais bien intéreſſantes queſtions pour le genre humain ! Je vais eſſayer d'en indiquer la ſolution ; on y trouvera celle de beaucoup de difficultés philoſophiques & les plus fortes preuves de la néceſſité indiſpenſable du Livre que je publie aujourd'hui, & de ceux qui ont été, qui ſeront compoſés ſur la même matiere.

Nous avons vu que les hommes en ſe multipliant deviennent moins unis. C'eſt un effet naturel; ils ſe connaiſſent moins les uns les autres. Il eſt certain que l'habitude de ſe voir fréquemment, qui occaſionne encore celle de ſe rendre fréquemment quelques bons offices, ajoute un attrait naturel à la notion du devoir qui nous fait reſpecter le droit d'autrui. La plus forte partie de cet attrait eſt perdue pour des hommes, qui, vivant chacun de leur côté dans une ſociété fort nombreuſe, ne ſe ſont jamais ni vus ni connus. A meſure que la population fait des progrès, il exiſte donc un obſtacle naturel de moins au deſir que quelques-uns des hommes pourraient conſerver d'uſurper

ſurper ſur la propriété d'autrui. Une autre cauſe, également naturelle & inévitable, vient en même tems ouvrir la porte à ce déſir déſordonné. Les hommes ne multiplient qu'en raiſon des richeſſes néceſſaires pour leur ſubſiſtance ; & c'eſt ce qui fait que l'établiſſement de la culture, qui eſt l'unique ſource des richeſſes des Empires, occaſionne un accroiſſement rapide dans la population. Mais l'accroiſſement des richeſſes de la ſociété amene *néceſſairement* avec lui l'accroiſſement de l'inégalité des fortunes : inégalité naturelle, qui, dans l'état même d'aſſociation primitive, exiſte en raiſon de la diverſité des facultés des individus ; que l'acquiſition des *propriétés foncieres* étend, par la même raiſon ; & qui s'augmente encore par le partage naturel & légitime des ſucceſſions, qui, tantôt diviſe le patrimoine d'une ſeule famille entre un grand nombre d'héritiers, & tantôt réunit ſur un ſeul héritier les richeſſes de pluſieurs familles. La différence des riches & des pauvres devient donc de jour en jour plus marquée. Il eſt vrai que le riche eſt forcé, pour faire uſage de ſes richeſſes, de payer au travail des pauvres des ſalaires qui ſubviennent à leurs principaux beſoins; & même, dans une ſociété cultivatrice *bien conſtituée*, d'une maniere plus abondante & plus variée que dans l'état primitif où la recherche ſeule pourvoyait aux néceſſités les plus preſſantes de l'eſpece humaine. Mais il n'en eſt pas moins vrai que ce riche dont la dépense solde le travail des autres hommes & l'applique, comme il lui plaît, à accroître son aisance & à satisfaire ses fantaisies, se procure par-là des jouissances infiniment plus multipliées, plus recherchées, plus éblouissantes que celles auxquelles les pauvres peuvent atteindre, & qui par conséquent doivent *paraître* ajouter beaucoup à la félicité de l'homme, à qui ses richesses donnent le privilege exclusif de les acquérir. Or cette frappante inégalité de jouissances qui laisse entrevoir à chaque individu la possibilité d'accroître de plus en plus les siennes, en accroissant ses richesses, ne peut manquer d'éveiller vivement la cupidité dans toutes les classes de Citoyens.

Ce n'eſt pas que cette cupidité ſoit un mal en elle-même. Chez un Peuple éclairé elle ne produirait aucuns mauvais effets. Les lumieres de la Nation & la vigilance de l'autorité tutélaire mettraient la *propriété* hors de toute eſpece d'atteintes, même les plus indirectes. Et l'inſtruction publique, apprendrait, dès l'enfance, au dernier Citoyen le danger extrême de toute manœuvre tendante à nuire à la propriété des autres ; elle lui prouverait par arithmétique qu'il n'y a point de véritable profit à empiéter ſur les droits de ſes ſemblables, & il s'en ſouviendrait toute ſa vie comme de la maniere de compter ſon argent. Alors la cupidité même ne ſerait plus qu'un reſſort naturel & utile pour porter les Citoyens à mettre toute l'activité & toute l'intelligence possible dans leur travail, & elle concourrait évidemment à la multiplication des richesses & à l'avantage de la société. Mais chez une Nation ignorante la cupidité réciproque est très-redoutable ; le desir de s'enrichir aux dépens d'autrui germe sourdement dans les ames avides, & y devient bientôt une passion dominante, qui introduit enfin dans la société une multitude de prétentions contraires & d'expédiens opposés, continuellement tendans à détruire l'ordre social.

Cette passion méprisable fut néanmoins obligée de commencer par se couvrir d'un voile pour assurer ses succès ; car l'autorité tutélaire, uniquement établie pour réprimer cette paſſion effrénée, repouſſait avec force, puniſſait avec ſévérité toute infraction viſible du droit de *propriété*. On ne pouvait triompher de ſon pouvoir ſupérieur à tout autre. On tenta de tromper ſa vigilance & de ſéduire juſqu'à ſon zele. Il n'y avait nul moyen de voler par la force ; les hommes, que l'avidité corrompait, prirent le parti d'employer la ruſe, & de colorer du prétexte du bien public leurs entrepriſes injuſtes, également nuiſibles à la ſociété & à l'intérêt de l'autorité ſouveraine. On n'avait cependant pas encore perdu la notion naturelle des *droits* & des *devoirs* réciproques des hommes; mais cette notion primitive n'en donnait qu'une connaiſſance implicite, très-évidente, il est vrai, quant au fonds de ces droits & de ces devoirs, très-vague & très-confuse, quant à la multitude de leurs conséquences. Nulle science explicite & formelle n'en développait toute l'étendue. Nulle évidence n'en marquait les limites, & si l'on peut ainsi parler, n'en traçait les ramifications à travers l'infinité de relations nouvelles que les institutions civiles, l'accroissement des richesses, le partage des fortunes, l'invention des Arts, la variété des jouissances, mettaient entre les Citoyens. Les Propriétaires & l'administration n'étaient en garde que contre les attaques directes auxquelles la *propriété* pouvait être exposée. Personne ne se doutait qu'il y eût des moyens de s'emparer des richesses d'autrui sans paraître avoir dessein d'y prétendre, excepté les scélérats qui employerent ces moyens honteux.

Au milieu de cette obscurité, toute surprise ménagée avec adresse fut certaine de réussir. Malgré ce que nous avons perdu, il nous reste encore assez de monumens historiques pour nous indiquer la marche, à-peu-près uniforme, que prirent chez presque toutes les Nations, les manœuvres des hommes artificieux & perfides, déterminés à s'enrichir aux dépens du droit de *propriété* de leurs Concitoyens.

Cette marche fut conduite avec beaucoup d'art. On se borna d'abord à avancer, à insinuer, à répandre un principe très-propre à ſéduire ; c'eſt que *l'intérêt public doit l'emporter ſur l'intérêt particulier.* Dans ce principe vague, on eut ſoin de n'oppoſer que *l'intérêt particulier*, qui peut être pris en bonne ou en mauvaiſe part, comme juſte ou comme injuſte, (& qui, dans ce dernier ſens, n'eſt même pas véritablement l'intérêt particulier) à *l'intérêt public*, dont la réclamation ſemble ne préſenter que des intentions louables. On n'aurait encore oſé dire que *l'intérêt public fût préférable à la conſervation des droits des particuliers* ; car les particuliers & les dépoſitaires de l'autorité ſavaient également que chacun devait jouir de *ſes droits*, & que la ſociété n'avait été inſtituée que pour aſſurer à chacun cette jouiſſance, ſeule baſe d'un Gouvernement ſtable & heureux pour les Princes & pour les Peuples. Or il fallait, aux vûes inſidieuſes des mauvais Citoyens, une maxime générale qui parût avoir le bien commun pour objet, mais qui ne préſentât néanmoins qu'un ſens confus & indéterminé : une maxime que l'on pût étendre ou reſſerrer ſelon l'occaſion ; que l'on pût tantôt faire adopter aux Nations même, en chargeant d'inculpations des intérêts particuliers qui paraiſſent contraires à l'intérêt public, & tantôt appuyer auprès des Souverains de ce conſentement donné dans un ſens limité, pour juſtifier la même maxime priſe dans un ſens forcé & général, & étendue juſqu'au ſacrifice de l'intérêt des particuliers paisibles qui ne demandent qu'à jouir licitement de leurs *propriétés*.

Cette maxime équivoque qui paraissait étendre l'autorité & les droits du Souverain, & confier la constitution essentielle de la société aux lumieres & aux décrets du Gouvernement, fut adoptée ; & suggera un systême de politique qui assujettit confusément tous les droits de la société, & ceux de l'autorité, à une législation humaine, arbitraire & absolue, aussi préjudiciable à la Nation & au Souverain, que favorable à la séduction & à l'avidité des hommes injustes & artificieux. Bientôt l'exemple de leurs succès devint contagieux, il étendit, il perpétua cette ténébreuse politique qui égarait le Gouvernement. Celui-ci crut toujours augmenter son autorité & sa puissance, en rendant l'adminiſtration de plus en plus arbitraire & illimitée. On l'empêcha de voir qu'il ne faiſait par là que porter la confuſion, le déſordre & la dévaſtation ſur tout ſon territoire.

Plus la politique du Gouvernement s'occupe du prétexte de l'intérêt général pour élever l'autorité au-deſſus des loix conſtitutives de l'ordre ſocial, & plus elle s'écarte de cet ordre divin, qui eſt celui de la Juſtice par eſſence; plus elle déſunit ainſi les intérêts des Souverains & des Sujets, plus elle rompt les liens de la ſociété, & plus les intérêts particuliers exclusifs agiſſent de concert, acquierent de crédit & de force, s'ouvrent de toutes parts par la ſurpriſe & par la violence des routes déſaſtreuſes, & étendent progreſſivément la déprédation des richeſſes de la Nation *& de l'État.* Car les revenus publics participent toujours inévitablement & néceſſairement à la diminution des revenus particuliers.

Pour diſſimuler aux Souverains la véritable cauſe de leur appauvriſſement, on les excita à des augmentations de dépenſes ſuperflues. On fit bâtir des pyramides aux Rois d'Egypte, des tours énormes, avec des jardins & des eaux ſur leurs voûtes, aux Rois de Perſe & d'Aſſyrie. On les engagea tous, pour des objets frivoles, dans des guerres avec leurs voiſins. Ils ne purent ſubvenir à ces dépenſes extraordinaires avec des revenus affaiblis. On leur rappella alors la grande maxime plus développée, que *l'intérêt public devait l'emporter sur les droits des particuliers.* On leur dit que *l'intérêt public* résidait en leur ſeule perſonne, & que les biens & la vie des hommes ſoumis à leur empire, formaient le patrimoine de la Souveraineté. Et malheureuſement, pour eux-mêmes, on le leur perſuada.

Dès-lors *les intérêts particuliers excluſifs* devinrent de plus en plus entreprenans & déſaſtreux. La rapacité n'eut plus de bornes; elle négligea même la vraiſemblance des prétextes; elle oublia juſqu'à la honte, elle méconnut juſqu'aux remords, mânes terribles & vengeurs de la probité étouffée. L'Agriculture, ſource unique de la ſubſiſtance & de la population, ne put plus ſe ſoutenir; la richeſſe

& la puiſſance des Souverains diſparurent. On avait abuſé de leur nom pour répandre le déſordre au-dedans & au-dehors de leurs États opprimés : ils furent les victimes de ce déſordre même. Les Empires tomberent rapidement ſous les coups les uns des autres ; & tous enfin furent envahis par de petits Peuples à demi barbares, qu'avaient implacablement irrité les entrepriſes iniques & inſolentes des grands États, ſoi-diſans policés.

Les Grecs, la plus célebre de ces petites Nations qui triompherent des anciens Empires, eurent des Beaux-Arts, des Peintres, des Statuaires, des Poëtes, des Orateurs, & même des Philoſophes. Mais la Grece, formée, conſtituée & confédérée au milieu des orages suscités par les grands Peuples asiatiques, avait perdu la trace des loix essentielles de l'ordre social. Des guerres, injustes & cruelles, avaient enfanté l'esclavage plus injuste & plus cruel encore. La premiere notion des droits imprescriptibles de l'homme était oubliée. Comment aurait-on pû saisir & développer l'ensemble de ces droits ? Aussi les efforts réunis des plus sublimes esprits qui ayent peut-être jamais existé, des Solons, des Socrates, des Xénophons, des Platons, &c. se réduisirent-ils à découvrir, à suivre, à mettre au grand jour quelques branches éparses de la vérité, dont ils n'avaient pû embrasser le tronc; & ces grands hommes furent, par là même, beaucoup moins utiles au genre humain,

humain, que l'on n'aurait dû l'espérer de leur étonnant génie.

L'ordre naturel & ses *loix* relatives à la société ne se manifestent au premier aspect & dans toute leur évidence, qu'aux Peuples dont la société se forme paisiblement par une conséquence de *l'ordre physique* même, par l'établissement de la culture, par la nécessité d'assurer à chacun la jouissance de sa *propriété*, & de rendre ainsi les *propriétés* plus fructueuses pour tous. Mais les sociétés constituées à la hâte, pour repousser les incursions de voisins inquiets chez lesquels le Gouvernement commençait à se corrompre, sont égarées dès le premier pas. Elles ne pensent qu'à assurer la défense du moment. Occupées à repousser la force par la force; obligées souvent à se soumettre à des conditions injustes par des traités auxquels l'impuissance les contraint; animées à s'en venger par des représailles à la premiere occasion; elles s'accoutument à ne rien décider par le *droit*, à n'admettre de Loi suprême que celle de la *force*, & à y recourir avec transport en toute occasion, sans songer même à s'élever jusqu'à la connaissance des causes qui produisent la force & des conditions essentielles qui l'entretiennent. De-là les défiances, les divisions, les usurpations entre les différens ordres de la Nation; les guerres fréquentes, & les paix insidieuses avee l'étranger; les révolutions, les vicissitudes, l'instabilité perpétuelle du Gouvernement; la multitude d'événemens variés, alternativement ridicules & barbares, que le vulgaire des Lecteurs regarde comme les grands traits de l'hiſtoire ; la continuité de déſordres & de miſeres enfin, qui ont preſque ſans ceſſe affligé les Grecs, & les Romains, & les Nations qui s'éleverent ſur leurs débris.

C'eſt ainſi que (malgré la notion implicite, évidente & irréſiſtible de la *Phyſiocratie*, qui avait préſidé à la formation de la ſociété chez les Peuples les premiers civiliſés,) le défaut d'établiſſemens ſolides, & d'inſtitutions lumineuſes, qui perpétuaſſent, qui développaſſent ces premieres notions du *droit naturel*, de *l'ordre naturel*, & des *loix naturelles*, rendit arbitraire & déſordonné le deſpotiſme des Souverains, qui préparerent leur propre ruine en employant à attaquer les *propriétés* de leurs Sujets & de leurs voisins, les forces qui leur avaient été confiées pour entretenir la paix au-dedans & au-dehors. C'est ainsi que les attaques de ces Souverains, involontairement devenus injustes & déprédateurs, forcerent les Peuplades, voisines de leur territoire, à se réunir précipitamment en Républiques guerrieres, & par conséquent contre nature. C'est ainsi que l'alliage de ces deux especes de sociétés ignorantes, combiné depuis de cent façons diverses, n'a jamais pu constituer une société réguliere & éclairée sur ses véritables intérêts; & que le régne des Souverains les plus habiles & les plus vertueux n'a pu offrir à la malheureuſe humanité qu'un repos paſſager & peu profitable, ſemblable à celui que des matelots, après un naufrage, trouvent ſur des pointes de rochers que la mer découvre en deſcendant, mais qui, quelques heures après, vont être englouties de nouveau dans ſes ondes.

La ſageſſe même des hommes ſupérieurs, dénuée de la connaiſſance des conditions eſſentielles de l'ordre ſocial, n'a pu éviter d'être fréquemment égarée par de fauſſes apparences, & ſéduite par des prétextes ſpécieux. Les inſtitutions les plus néceſſaires, les découvertes les plus ingénieuſes, & qui auraient dû être les plus utiles, ſe ſont empoiſonnées par le venin de la cupidité ignorante.

La diviſion naturelle de la ſociété en diverſes claſſes de Citoyens, relatives à la différence des états & des profeſſions, n'a ſervi, dans cette obſcurité profonde, qu'à former des confédérations particulieres, tumultueuſes au-dedans, réunies au-dehors, acharnées les unes contre les autres, & toutes contre la conſervation & l'uſage du *droit naturel* de l'homme. On voit par les annales de tous les Peuples plus ou moins barbares, formés par le mêlange du reſte malheureux des Empires renverſés avec leurs féroces deſtructeurs, que tous les particuliers qui ont pu ſe réunir, s'aſſocier & former un corps, ont établi entre eux, envers & contre tous, une communauté de forces & de ruſes, non pas pour s'aſſurer la jouissance de leurs droits, mais pour usurper sur ceux d'autrui. Toutes ces ligues se sont mutuellement combattues avec fureur ; toutes ont employé leur adresse pour séduire l'autorité Souveraine & l'entraîner dans leur parti ; & toutes y ont réussi alternativement, au grand désavantage de la société & des Souverains.

Les Arts mêmes, & les Sciences qui renferment les principes des Arts ; ces chefs-d'œuvres de l'esprit humain qui servent à varier nos jouissances, qui offrent aux hommes pauvres une maniere de gagner salaire, plus laborieuse, il est vrai, mais moins dépendante que la domesticité, qui devraient ainsi contribuer si efficacement au bonheur de notre espece, contribuent au contraire dans les ſociétés, où l'on néglige l'obſervation de *l'ordre naturel*, à entretenir les diviſions inteſtines & à les rendre plus redoutables. Les commodités qu'ils procurent aux riches redoublent la cupidité que l'inégalité des fortunes introduit dans la ſociété. Or dans les mauvais Gouvernemens où la *propriété* n'eſt pas ſuffiſamment aſſurée, cette cupidité nourrie par l'animoſité des différens corps, aiguiſée par l'éclat des jouiſſances recherchées que les Arts menent à leur ſuite, conduit inévitablement aux uſurpations furtives dont nous avons parlé plus haut; & l'habitude d'employer le langage des Sciences, les reſſources d'une éloquence étudiée, facilitent les moyens d'étayer ces uſurpations par des ſophiſmes & de leur prêter un coloris ſéducteur. De ſorte que dans ces ſociétés mal conſtituées, où l'on méconnaît l'évidence des *loix de l'ordre ſocial*, les Lettres, les Arts & les Sciences concourent encore à rendre la *propriété* moins certaine & plus facile à violer artificieuſement.

Voilà l'état de guerre ; ce n'eſt pas, comme le penſerent *Hobbes* & ſes ſectateurs, celui des hommes vivans dans la ſimplicité naturelle ; c'eſt celui des hommes en ſociété déſordonnée ; c'eſt celui où la *propriété* incertaine eſt ſans ceſſe expoſée à des violations clandeſtines, exercées ſous les auſpices d'une légiſlation arbitraire. Encore dans cette guerre déſaſtreuſe & continuelle, c'eſt le très-petit nombre des riches qui a le privilége exclusif de tenter à l'ombre des facultés & du crédit, & de soutenir par des séductions de toute espece les lézions indirectes de la *propriété* du très-grand nombre des pauvres. Et de-là vient que ces lézions, dont le dommage retombe à la fin sur ceux même qui l'ont causé, réduisent presque la totalité des Nations à un dégré d'oppression, de misere, de privation & d'infortune, qui, à tout prendre, rend le sort des hommes réunis ainsi en sociétés imparfaites & semi-policées, quoique sous les apparences d'une police recherchée & vigilante, incomparablement moins heureux que celui dont jouissaient les anciennes Peuplades de Chasseurs & de Pâtres dans l'état d'aſſociation primitive, où les hommes ne ſavaient que chercher leur ſubſiſtance, connaître le juſte & l'injuſte, & obéir aux *loix de l'ordre naturel.*

L'AUTEUR des Ouvrages, dont je publie aujourd'hui le Recueil, a non-ſeulement ſenti cette vérité qui avait déja frappé quelques hommes de génie; mais il a ſenti de plus qu'eux qu'il fallait bien ſe garder de conclure du fait paſſé au fait poſſible. Il a vu que l'oubli des *loix de la Juſtice par eſſence* n'était jamais né que de l'ignorance égarée par la ſéduction des intérêts particuliers excluſifs & mal-entendus. Il a vu que l'homme n'avait qu'à rentrer en lui-même pour y retrouver la notion ineffaçable de ces *loix*, & qu'à s'attacher à l'étude de *l'ordre physique* pour en reconnaître tous les préceptes, la base & la sanction. Il a vu qu'on ne pourrait résister à l'évidence & à l'autorité de ces loix souveraines quand elles seraient suffisamment connues & manifestées. Et cette observation, confirmée par l'expérience, lui a dévoilé la possibilité d'étendre les lumieres des hommes réunis en société au point que l'évidence & *l'universalité* de ces lumieres proscrivissent toute espece d'atteinte à la *propriété*, comme elles proscrivent aujourd'hui le sacrifice des enfans premiers nés, l'esclavage des prisonniers de guerre, les jugemens par le combat, par la croix, par l'eau bouillante, & mille autres coutumes abſurdes & cruelles auxquelles l'ignorance avait jadis ſoumis les hommes en différens tems & en différens lieux. Il a vu que dès l'inſtant où l'homme en ſociété ſerait parfaitement aſſuré de l'entiere & imperturbable jouiſſance de tous ſes droits de *propriété* perſonnelle, mobiliaire & fonciere, il ferait un uſage complet de ſon *droit naturel*, & qu'il ſerait auſſi heureux qu'il lui ſoit *poſſible* de l'être. Il a vu que la culture dirigée & exécutée le mieux *poſſible* par des hommes entierement libres de l'emploi de leur perſonne & de leurs richeſſes, & ſûrs d'en recueillir le fruit, multiplierait les ſubſiſtances le plus qu'il ſerait *poſſible*. Il a vu que la plus grande multiplication *poſſible* des ſubſiſtances étendrait le bonheur de vivre, & de jouir de tous les bienfaits de la nature, ſur le plus grand nombre *poſſible* d'individus, leſquels joindraient tous aux mêmes jouiſſances que préſente l'aſſociation primitive un grand nombre d'autres jouiſſances qu'une ſociété ſagement policée peut ſeule procurer; ce qui conſtituerait de toutes manieres, & à tous les égards, le meilleur état *poſſible* de notre eſpece. Parcourant ainſi avec méthode les *loix phyſiques* par leſquelles *l'ordre naturel* détermine l'uſage & l'étendue du *droit naturel*; celles de la naiſſance, de la diſtribution & de la réproduction des ſubſiſtances; celles qui établiſſent les droits ſur les devoirs, & les devoirs ſur les droits; toutes celles enfin qui aſſurent l'exiſtence, le bonheur & la multiplication du genre humain; il a reconnu que l'enſemble & les détails de ces loix ſouveraines forment l'objet d'une Science phyſique, très-noble, très-claire & très-étendue. Et d'une main, guidée par l'évidence, il eſt parvenu à ſaiſir, à développer, à démontrer, à tracer, à peindre les vérités meres & fondamentales de cette Science, laquelle par ſon principe, par ſon but, par les effets qu'elle doit néceſſairement produire, eſt inconteſtablement la plus importantes de toutes les Sciences exactes qui ont juſqu'à préſent occupé le génie de l'homme.

Suprêmes Adminiſtrateurs des Peuples, images du Souverain des êtres, cette Science ſublime eſt faite pour vous. Vous y reconnaîtrez la source de vos droits, la base & l'étendue de votre autorité, qui n'a & ne peut avoir de bornes que celles imposées par Dieu même. Vous y apprendrez à partager, pour ainsi dire, avec lui la douce prérogative de rendre les mortels heureux, en promulguant, en faisant exécuter les loix qu'il a prescrites à la société & sur lesquelles il a imprimé le sceau de l'évidence, seul cachet digne du Très-Haut. Vous y découvrirez la chaîne indissoluble avec laquelle il a lié votre puissance & votre richesse à *l'observance* de ces loix de *l'ordre social*, à la conservation du droit de *propriété* des Sujets confiés à votre empire. Vous y verrez combien est simple & facile l'exercice de vos fonctions

fonctions ſacrées, qui conſiſtent principalement à ne pas empêcher le bien qui ſe fait tout ſeul, & à punir, par le miniſtere des Magiſtrats, le petit nombre de gens qui attentent à la *propriété* d'autrui.

Organes & Dépoſitaires des Loix, Magiſtrats reſpectables, elle eſt faite pour vous cette Science. Vous ne ſauriez ſans crime vous diſpenſer de la poſſéder à fond. Vous avez à décider de la fortune, de la vie, de l'honneur de vos Concitoyens. Si l'on pouvait croire que vous en décidaſſiez arbitrairement, la ſainteté de votre miniſtere, la vénération dont il eſt digne, ſeraient perdues. Il faut que vous jugiez d'après des régles poſitives que vous n'ayez pas faites & que vous ne puiſſiez jamais changer vous-mêmes. C'eſt ainſi que dans les cas particuliers votre intégrité reſpectée ſe trouve au-deſſus même du ſoupçon. Mais vous rendriez compte à celui qui fit la Juſtice, ſi vous vous engagiez imprudemment à régler vos déciſions par des Ordonnances contraires à l'équité, & attentatoires aux droits de l'homme. Avant de juger vos freres, vous êtes donc ſtrictement & religieuſement obligés de juger les Loix; & vous le faites. Les Ordonnances, évidemment abſurdes, évidemment injuſtes, ſont comme non-avenues pour vous. Nul de vous n'oſerait envoyer un Citoyen à la mort pour crime de ſorcellerie. Nul de vous n'oſerait condamner un Laboureur à l'amende pour avoir donné du vin à ses domestiques, & ceux-ci à la prison pour l'avoir bu hors des quatre grandes fêtes de l'année (*). La voix de la raison & celle de l'équité ont suffi pour faire tomber en désuetude les Loix positives qui vous prescrivaient de juger ainsi, & que vos prédécesseurs avaient été assez peu éclairés pour admettre. Vous concevez sans doute la nécessité de ne pas vous exposer vis-à-vis de vos successeurs à des reproches semblables à ceux que votre vertu a faits à cet égard à vos devanciers. Vous comprenez d'ailleurs que la désuetude est un

(*) Deux Ordonnances commandent aux Magistrats de tenir cette conduite à l'égard des Laboureurs. Elles ont été enregistrées l'une le 4 Février 1567, l'autre le 21 Novembre 1577; & n'ont pas été révoquées depuis.

remede illégal & tardif aux mauvaiſes Loix. Malheur aux Magiſtrats indignes qui croiraient pouvoir décharger leur conſcience ſur l'eſpoir de ce remede honteux & lent, dont l'application paraîtra toujours arbitraire au Peuple mal inſtruit, & compromettra par conſéquent toujours l'honneur de la Magiſtrature. C'eſt dans l'inſtant même où une erreur, certainement involontaire, puiſqu'elle eſt contraire à ſon propre intérêt, arrache au Souverain une Ordonnance évidemment injuſte, qu'un devoir impérieux vous preſcrit de lui faire remarquer en quoi cette Ordonnance s'écarte des loix divines de l'ordre naturel, & l'impuiſſance où vous êtes de participer innocemment à ſon exécution. Comment rempliriez-vous cette fonction indispensable & sainte, si vous ignoriez quelles sont les Loix de l'ordre que Dieu a établi pour servir de régles à la société ? La science de ces Loix est donc essentielle à votre ministere. Si elle était malheureusement bannie du reste du globe, ce serait chez vous qu'elle devrait se refugier. Par elle seule vous pouvez assurer la soumission & le respect des Peuples aux Loix que promulgue le Souverain. Par elle seule vous pouvez tranquilliser le Souverain même en lui garantissant la sagesse & l'utilité de ses Ordonnances. Quand on vous voit promettre de juger d'après elles, tout le monde présume que vous avez fait l'examen que cette promeſſe ſuppoſe : & tout le monde préſume auſſi que vous vous ſentez les connaiſſances néceſſaires pour cet examen ; puiſque vous vous chargez volontairement devant Dieu & devant les hommes de la *coulpe*, qu'il entraînerait avec lui s'il était mal fait. C'eſt ainſi que ſans qu'il vous ſoit jamais permis d'être en aucune maniere Légiſlateurs, l'aſſentiment de votre conſcience éclairée eſt néanmoins eſſentiel à la légiſlation qui doit régler vos jugemens. C'eſt ainſi que la Nature a marqué votre rang au milieu de vos Concitoyens par l'importance de vos devoirs, & par la dignité inſéparable de la réunion de la ſageſſe, de la vertu, & des *lumieres* les plus utiles à la ſociété.

Il eſt une autre claſſe d'hommes, qui, comme le dit un Auteur moderne, ſans être revêtus d'aucun titre, d'aucune charge, d'aucun emploi public, ne ſont cependant jamais proprement des hommes privés. C'eſt la claſſe que vous compoſez, têtes réfléchiſſantes & profondes, eſprits élevés & brillans, génies vigoureux & ſublimes qui avez conſacré votre tems & vos travaux à acquérir & à répandre des connaiſſances de toute eſpece. Vous n'avez pas dû vous livrer à l'étude dans la ſeule vûe d'occuper votre imagination, d'exercer vos facultés, d'amuſer vos loiſirs, & de faire une vaine parade de votre ſavoir. Dans les dangers de la guerre, lorſque des dévaſtateurs cruels ravagent les moiſſons, brûlent, démoliſſent les villes, & font couler de flots de ſang; ce n'eſt pas aux enfans, ce n'eſt pas aux infirmes, ce n'eſt pas aux Citoyens faibles & déſarmés à réprimer ces attentats deſtructeurs. Si les Militaires alors ſe bornaient à montrer leur vigueur & leur adreſſe par des jeux frivoles, & à faire aux yeux de leurs malheureux Compatriotes un étalage pompeux des plumes qui flottent ſur leurs têtes, & du fer acéré qu'on leur remit entre les mains: *Lâches*, leur crierait-on, *vous avez des forces & des armes; volez où votre devoir, où le beſoin de la Patrie vous appellent; attaquez l'ennemi, combattez-le, & mourez s'il le faut en le repouſſant* .... Vous qui cultivez avec ſuccès les

Sciences & les Lettres, Obſervateurs de la Nature, ingénieux Scrutateurs de ſes Loix, Peintres fideles & hardis de ſes effets & de ſes productions; vous êtes contre l'ignorance, contre l'opinion, contre l'erreur, contre les déſordres politiques par leſquels elles déchirent le monde, vous êtes les défenſeurs-nés du genre humain. Vos talens ſont un préſent que le Ciel fit à la terre pour contribuer à augmenter le bonheur de ſes habitans. Toutes les vérités ſans doute ſont bonnes à connaître; mais il s'en faut beaucoup qu'elles ſoient toutes également intéreſſantes pour la félicité de notre eſpece. Si vous voulez, comme vous le devez, comme vous le pouvez, concourir dignement à cette félicité desirée ; il est pour vous des recherches plus importantes, & moins abstraites que celle du rapport du *parametre* d'une courbe à son *abscisse* & de cette *abscisse* à *l'ordonnée relative* ; il est des observations plus curieuses & moins pénibles que celle des arteres d'un moucheron ; il est des calculs plus sûrs & plus utiles que ceux de la révolution des comètes. *L'ordre naturel social*, fondé sur *l'ordre général physique* ; les *droits* & les *devoirs* réciproques des hommes ; les *loix naturelles* qui réglent souverainement ces droits & ces devoirs, qui décident de la réproduction & de l'abondance des choses propres à nos besoins, qui réunissent, qui concilient au suprême degré les intérêts des Souverains, des Sujets & des Nations : Voilà des objets véritablement eſſentiels à connaître & à faire connaître. Envain s'attacherait-on à toutes les autres Sciences, tant qu'on ſera privé de celle de ces grands objets, le ſort des Empires demeurera livré à l'inſtabilité des paſſions tumultueuſes & peu éclairées : La paix, les jouiſſances, la tranquillité, la multiplication des humains ſeront abandonnées aux ravages des intérêts particuliers excluſifs : Et ces intérêts mal-entendus, diſcordans par ignorance, enchaîneront la liberté, détruiront les richeſſes des Peuples & des Rois, arrêteront l'eſſor du génie par le poids de la miſere publique & particuliere, & s'oppoſeront ainſi aux progrès mêmes des Sciences ſpéculatives, & des Arts de goût & d'agrément. Mais quand la Science de la *Phyſiocratie*, devenue familiere à tous les Citoyens, aura par la publicité de ſon évidence aſſuré l'exiſtence du Gouvernement le plus conforme à la *Nature*, & manifeſtement le plus avantageux aux Souverains & à leurs Sujets; quand l'impoſſibilité de ſéduire perſonne par les prétextes inſidieux, dont on s'eſt autrefois ſervi pour violer indirectement les droits d'autrui, aura donné à la propriété le plus grand degré de ſûreté imaginable; cette certitude de la propriété amenera l'accroiſſement rapide de la richeſſe des Princes & de celle des Nations. Alors les Sciences les plus abſtraites & les Arts les plus agréables marcheront avec la même rapidité vers leur plus haut degré de perfection ; dont on ne pourra se former d'idée, que lorsqu'au milieu d'une population immense, le plus grand nombre possible d'hommes de génie, pourra s'appliquer paisiblement à l'étude au sein de l'aisance & du loisir. Illustres *Instructeurs* de vos semblables, cette Science, de laquelle dépend le bonheur du monde & le destin de toutes les autres Sciences, est certainement faite pour vous.

Elle est encore faite pour vous, Peres de famille, Citoyens actifs & vertueux, obligés de pourvoir à la subsistance & au bien-être des femmes que vous avez prises, & des enfans que le ciel vous a donnés. Les *Loix* de *l'ordre physique* & celles de *l'ordre social* sont la base sacrée, solide, inaltérable, sur laquelle seule on peut élever avec succès l'édifice des travaux humains. Vous devez connaître ces Loix parce qu'elles sont la règle naturelle de votre conduite économique & sociale, de vos entreprises, de l'emploi de vos richesses & de vos facultés. Vous devez les connaître parce qu'elles renferment le titre évident de vos droits, des droits des associés faibles, intimes & chéris, que vous avez à défendre, & pour le patrimoine desquels vous pouvez avoir à réclamer la protection du Souverain & le ministere des Magistrats.

Et vous belle moitié du genre

humain, ſexe enchanteur dont l'influence ſur tout ce qui ſe fait de bon, d'agréable, d'utile & d'honnête, eſt ſi viſiblement marquée par la Nature, la Science des Loix de *l'ordre naturel* eſt également faite pour vous. Vous tenez de l'intérêt que vous avez à ce que notre conduite ſoit raiſonnable, vous tenez de vos charmes, de votre douceur, & même de votre prudence, le droit d'être nos Conſeillers perpétuels. Il faut que cette prudence ſoit éclairée pour vous aſſurer utilement & honorablement la jouiſſance d'un droit auſſi précieux. Économes, maîtreſſes, diſpenſatrices des richeſſes acquiſes par les travaux de vos époux, les régles par leſquelles la diſtribution de ces richesſes peut en opérer la répro-duction & l'accroiſſement ne doivent pas être ignorées de vous. Meres, Directrices de la premiere jeuneſſe de vos enfans, néceſſairement chargées de la partie de leur éducation qui va le plus à leur cœur & dont les traces ſont les plus profondes & les plus durables, il faut que vous connaiſſiez toutes les vérités fondamentales que les hommes doivent ſavoir. Vos lumieres ſont à la fois le germe & le foyer conſervateur des nôtres. Par-tout où vous ſeriez ignorantes & frivoles, on verrait bien peu d'hommes ſages & éclairés.

Heureuſement il nous devient de jour en jour plus facile d'être l'un & l'autre. La Science

la

la plus nécessaire aux Rois, aux Magistrats, aux Gens de Lettres, aux Peres & aux Meres de famille; cette Science simple & majestueuse, qui apprend à connaître *l'ordre naturel*, & à se servir de cette connaissance pour régler sa conduite, afin d'être le plus heureux qu'il soit possible à l'homme d'après les circonstances données, commence à se manifester avec tout l'éclat de son évidence. L'illustre AMI DES HOMMES (*), l'ancien & savant Secrétaire de la Société d'Agriculture de Brétagne (**),

(*) M. *le Marquis* DE MIRABEAU à qui son premier Ouvrage a mérité cet honorable surnom, & qui a composé depuis, la THÉORIE DE L'IMPÔT, le Livre riche & profond qui a pour titre: PHILOSOPHIE RURALE, *ou Economie générale & politique de l'Agriculture, réduite à l'ordre immuable des Loix physiques & morales qui assurent la prospérité des Empires*, & les ELÉMENS *de la Philosophie Rurale.*

(**) M. ABEILLE, qui a donné au Public deux volumes du *Corps d'observations* de cette céle sage & méthodique LA RIVIERE (*), l'élégant Auteur des *Ephémérides du Citoyen* (**), ont développé les principes & la plûpart des conséquences de cette Science dans leurs Ecrits immortels, qui sont entre les mains de tout le monde. Un nombre considérable d'Auteurs éclairés, des Académies entieres se hâtent de marcher sur leurs traces. Une puissante Souveraine honore leur doc-

---

lebre Compagnie; & auquel nous devons d'ailleurs plusieurs Ecrits supérieurement lucides, & par conséquent très précieux sur divers points d'Economie politique.

(*) M. LE MERCIER DE LA RIVIERE, Conseiller au Parlement de Paris, puis Intendant de la Martinique, Auteur de l'excellent & sublime Ouvrage, intitulé : *L'ORDRE naturel & essentiel des Sociétés politiques.*

(**) M. *l'Abbé* BAUDEAU, qui publie tous les mois, sous le titre d'ÉPHÉMERIDES *du Citoyen, ou Bibliotheque raisonnée des Sciences morales & politiques,* un Recueil fort intéressant auquel il fournit lui-même un grand nombre de morceaux très-profonds & très-bien écrits.

trine de ſa protection particuliere (*).

Au milieu des ſuccès dûs à l'utilité palpable de cette doctrine & aux talens des dignes Ecrivains qui l'ont promulguée, j'ai cru qu'un Recueil compoſé des principaux Ouvrages de celui que ces grands Maîtres regardent comme leur Maître commun, ſerait pour le Public un Livre intéreſſant. Les génies ſupérieurs ſe reſſemblent tous dans leur maniere d'étudier. J'ai conclu de-là que les Écrits qui ont été lus & médi-

---

(*) Sa Majesté l'Impératrice *de toutes les Ruſſies*, qui vient d'appeller M. *de la Riviere* à ſa Cour, pour introduire & répandre la Science de *l'ordre naturel* parmi les habitans de ſon vaſte Empire, qu'elle veut gouverner, comme la raiſon, par l'évidence de l'intérêt commun.

tés avec fruit par les *Mirabeau*, par les *la Riviere*, &c., & qui ont servi à former de tels hommes, pouvaient prétendre à concourir avec les leurs à en former d'autres. Ils m'ont tous excité à élever cette espece de monument à la reconnaissance dont ils sont pénétrés, ainsi que moi, pour l'Inventeur du Tableau économique ; pour cet homme simple & modeste, qui n'a jamais voulu permettre qu'on le nommât ; qui, uniquement occupé du bien public, a presque fui la gloire que méritaient ses découvertes ; qui, semblable à ce Pere robuste, dont parle *la Bruyere*, a, en perçant la foule, pris ses enfans dans ses bras & les a fait passer devant lui. Je me trouve heureux d'avoir rédigé & dirigé ce Recueil, comme je le ſerais d'avoir fait moi-même un bel Ouvrage; parce que je ſens combien le caractere original de ces Traités profonds & concis décore le titre de leur Éditeur, & lui impoſe la loi de s'en rendre digne par des travaux utiles.

TABLE SOMMAIRE

DE LA PREMIERE PARTIE.

nellement celles de leur entretien, on ne peut les confondre avec la classe purement stérile. 71

TROISIEME OBSERVATION.

Ce qui ne serait que *faste* dans un pays parvenu à son plus haut degré de prospérité, serait *luxe* dans un pays où il y aurait encore de grands travaux & de grandes dépenses à faire pour faciliter le commerce des productions, & pour étendre & améliorer la culture du territoire. Les Propriétaires alors doivent restraindre leurs dépenses superflues pour accroître les dépenses nécessaires à l'augmentation de leur revenu. La nécessité de ces dépenses foncieres, que des Propriétaires seuls peuvent faire, rend la propriété fonciere une des principales conditions de l'ordre naturel du bon Gouvernement. 72-74

QUATRIEME OBSERVATION.

On ne pourroit rien retrancher de la recette de la classe productive sans dépérissement, ni rien ajouter sans augmentation de richesses. Ainsi c'est par la recette de la classe productive que l'on peut juger de la prospérité générale. C'est de même par la recette de chaque classe que l'on peut évaluer leur population. 75-76

Il y a des dépenses qui ne sont pas comprises dans le Tableau, & qui dans l'hypothèse donnée se montent à *un milliard 67 millions*. On en a placé le détail avec celui de toutes les autres dépenses dans la Philosophie rurale, Chap. 7. 77-78

Cinquieme Observation.

Sixieme Observation.

SEPTIEME OBSERVATION.

MAXIME XIX.

NOTES SUR LES MAXIMES.

NOTE sur la maxime III.

NOTE sur la maxime V.

NOTE ſur la maxime VI.

NOTE ſur la maxime VII.

mentation désastreuse d'impôt. *Ce ne sont pas les richesses qui font renaître les richesses qui doivent payer l'impôt.* 154-156

Indépendamment de la sûreté de l'emploi de leurs richesses, les Cultivateurs doivent être exempts de toute espece de vexation personnelle, de peur qu'ils n'emportent dans les villes leurs richesses qui font subsister la Nation & renaître les revenues publics & particuliers. Si cela était ainsi les Bourgeois aisés trouveraient dans l'agriculture & au grand profit du public des établissemens avantageux pour leurs enfans. Il devrait être permis à la Noblesse de prendre des terres à ferme ; le payement d'un fermage n'assujettit à aucune dépendance, pas plus que celui du loyer d'un Hôtel. Un Propriétaire & un Fermier sont tous deux également Propriétaires, qui contractent pour leur avantage réciproque. Leur dignité est absolument la même. Chez tous les peuples sages la Noblesse & l'agriculture ont été unies. 156-158

NOTE sur la maxime XVI.

Arrêter le commerce extérieur des productions, c'est borner l'agriculture à la population, au lieu d'étendre la population par l'agriculture. La liberté du commerce assure l'approvisionnement de toutes les Nations, & entretient le niveau des prix. Cette seule égalisation des prix augmente considérablement le revenu des terres sans accroître les dépenses des Consommateurs. Si l'on prohibait le commerce des productions, on détruirait la culture, les revenus, l'impôt, les salaires, la Nation. 158-161

NOTE sur la maxime XVIII.

Si l'on faisait baisser le prix des productions

NOTE sur la maxime XXII.

NOTE sur la maxime XXVI.

Fin de la Table de la Ire. Partie.

LE DROIT NATUREL.

CHAPITRE PREMIER.

Ce que c'est que le droit naturel des Hommes.

LE DROIT NATUREL de l'homme peut être défini vaguement *le droit que l'homme a aux choses propres à sa jouissance.*

Avant que de considérer le droit naturel des hommes, il faut considérer l'homme lui-même dans ses différents états de capacité corporelle & intellectuelle, & dans ses différents états relatifs aux autres hommes. Si l'on n'entre pas dans cet examen avant que d'entreprendre de développer le droit naturel de chaque homme, il est impossible d'appercevoir même ce que c'est que ce droit (1).

C'est faute d'avoir remonté jusqu'à ces premieres observations, que les Philosophes se sont formé des idées si différentes & même si contradictoires du droit naturel de l'homme. Les uns, avec quelque raison, n'ont pas voulu le reconnoître; les autres, avec plus de raison, l'ont reconnu; & la vérité se trouve de part & d'autre. Mais une vérité en exclut une autre dans un même être lorsqu'il change d'état, comme une forme est la privation actuelle d'une autre forme dans un même corps.

---

(1) Il en a été des discussions sur le droit naturel, comme des disputes philosophiques sur la liberté, sur le juste & l'injuste : on a voulu concevoir comme des êtres absolus ces attributs relatifs, dont on ne peut avoir d'idée complette & exacte qu'en les réunissant aux corelatifs dont ils dépendent nécessairement, & sans lesquels ce ne sont que des abstractions idéales & nulles.

Celui qui a dit que le droit naturel de l'homme est nul, a dit vrai *.

Celui qui a dit que le droit naturel de l'homme, est le droit que la nature enseigne à tous les animaux, a dit vrai (2).

Celui qui a dit que le droit naturel de l'homme est le droit que sa force & son intelligence lui assurent, a dit vrai **.

Celui qui a dit que le droit naturel se borne à l'intérêt particulier de chaque homme, a dit vrai ***.

Celui qui a dit que le droit naturel est une loi générale & souveraine qui régle les droits de tous les hommes, a dit vrai (3).

---

* Voyez-en l'exemple au bas de la page 6.

(2) C'est la définition de Justinien ; elle a, comme les autres, son aspect où elle est vraie.

** Voyez-en l'exemple, pages 14, & dans la note 9, page 32.

*** Voyez-en l'exemple dans la note 6, page 11.

(3) Voyez-en l'exemple, pages 24 & 25. Avec un peu plus d'étendue cette proposition seroit la nôtre.

Celui qui a dit que le droit naturel des hommes eſt le droit illimité de tous à tout, a dit vrai (4).

Celui qui a dit que le droit naturel des hommes eſt un droit limité par une convention tacite ou explicite, a dit vrai *.

Celui qui a dit que le droit naturel ne ſuppoſe ni juſte ni injuſte, a dit vrai (5).

Celui qui a dit que le droit naturel eſt un droit juſte, déciſif, & fondamental, a dit vrai **.

---

(4) C'eſt le ſyſtême du Sophiſte *Traſimaque* dans Platon, renouvellé depuis par *Hobbes*, & depuis Hobbes par l'Auteur du Livre intitulé, *Principes du Droit naturel & de la Politique.* Voyez le préſenté & réfuté pages 8, 9 & 10.

* Voyez-en l'exemple, pages 26 & 27.

(5) C'eſt le cas d'un homme ſeul dans une Iſle déſerte, dont le droit naturel aux productions de ſon Iſle n'admet ni juſte, ni injuſte; attendu que la juſtice ou l'injuſtice ſont des attributs relatifs qui ne peuvent exiſter lorſqu'il n'y a perſonne ſur qui les exercer. Voyez le commencement du quatriéme Chapitre.

** Voyez ci-contre, p. 5 & 6, & au bas de la p. 23.

Mais aucun n'a dit vrai relativement à tous les cas.

Ainsi les Philosophes se sont arrêtés au parallogisme, ou argument incomplet, dans leurs recherches sur cette matiere importante, qui est le principe naturel de tous les devoirs de l'homme réglés par la raison.

Un enfant, dépourvu de force & d'intelligence, a incontestablement un droit naturel à la subsistance, fondé sur le devoir indiqué par la nature au pere & à la mere. Ce droit lui est d'autant plus assuré que le devoir du pere & de la mere est accompagné d'un attrait naturel qui agit beaucoup plus puissamment sur le pere & sur la mere, que la notion de l'ordre naturel qui établit le devoir. Néanmoins on ne peut ignorer que ce devoir indiqué & assuré par le sentiment, est dans l'ordre de la justice; car le pere & la mere ne font que rendre à leurs enfans ce qu'ils ont reçu eux-mêmes de leur pere & mere: or un précepte qui se rapporte à un droit juste oblige tout être raisonnable.

Si on me demande ce que c'est que la justice ? Je répondrai que *c'est une régle naturelle & souveraine, reconnue par les lumieres de la raison, qui détermine évidemment ce qui appartient à soi-même, ou à un autre.*

Si le pere & la mere de l'enfant meurent, & que l'enfant se trouve, sans autre ressource, abandonné inévitablement à son impuissance, il est privé de l'usage de son droit naturel, & ce droit devient nul. Car un attribut relatif est nul quand son corelatif manque. L'usage des yeux est nul dans un lieu inaccessible à la lumiere.

CHAPITRE II.

De l'étendue du droit naturel des Hommes.

LE droit naturel des hommes differe du droit *légitime* ou du droit décerné par les loix humaines, en ce qu'il est reconnu avec évidence par les lumieres de la raison, & que par cette évidence seule, il est obligatoire indépendamment d'aucune contrainte; au lieu que le droit *légitime* limité par une loi positive, est obligatoire en raison de la peine attachée à la transgression par la sanction de cette loi, quand même nous ne le connoîtrions que par la simple indication énoncée dans la loi.

Par ces différentes conditions on voit toute l'étendue du droit naturel, & ce qui le distingue du droit *légitime*.

Souvent le droit *légitime* restreint le droit naturel, parce que les loix des hommes ne sont pas aussi parfaites que les loix de l'Auteur de la nature, & parce que les loix humaines ſont quelquefois ſurpriſes par des motifs dont la raiſon éclairée ne reconnoît pas toujours la juſtice ; ce qui oblige enſuite la ſageſſe des Légiſlateurs d'abroger des loix qu'ils ont faites eux-mêmes. La multitude des loix contradictoires & abſurdes établies ſucceſſivement chez les Nations, prouve manifeſtement que les loix poſitives ſont ſujettes à s'écarter ſouvent des régles immuables de la Juſtice, & de l'ordre naturel le plus avantageux à la Société.

Quelques Philoſophes abſorbés dans l'idée abſtraite du droit naturel des hommes, qui laiſſe *à tous un droit à tout*, ont borné le droit naturel de l'homme à l'état de pure indépendance des hommes les uns envers les autres, & à l'état de guerre entr'eux pour s'emparer les uns & les autres de leur droit illimité. Ainſi, prétendent ces Philoſophes, lorſqu'un homme eſt privé par convention, ou par une autorité légitime, de quelques parties du droit naturel qu'il a à toutes les choſes propres à ſa jouiſſance, ſon droit général eſt détruit; & cet homme ſe trouve ſous la dépendance d'autrui par ſes engagemens, ou par une autorité coactive. Il n'eſt plus dans le ſimple état de nature, ou d'entiere indépendance; il n'eſt plus lui ſeul juge de ſon droit; il eſt ſoumis au jugement d'autrui; il n'eſt donc plus, diſent-ils, dans l'état de pure nature, ni par conſéquent dans la ſphere du droit naturel.

Mais ſi l'on fait attention à la futilité de cette idée abſtraite *du droit naturel de tous à tout*, il faudra, pour ſe conformer à l'ordre naturel même, réduire ce droit naturel de l'homme *aux choſes dont il peut obtenir la jouiſſance*; & ce prétendu droit général ſera dans le fait un droit fort limité.

Dans ce point de vue, on appercevra que les raiſonnemens que l'on vient d'expoſer ne ſont que des ſophiſmes frivoles, ou un badinage de l'eſprit, fort déplacé dans l'examen d'une matiere ſi importante ; & on ſera bien convaincu que le droit naturel de chaque homme ſe réduit dans la réalité à la portion qu'il peut ſe procurer par ſon travail. Car *ſon droit à tout* eſt ſemblable au droit de chaque hirondelle à tous les moucherons qui voltigent dans l'air, mais qui dans la réalité ſe borne à ceux qu'elle peut ſaiſir par ſon travail ou ſes recherches ordonnées par le beſoin.

Dans l'état de pure nature, les choſes propres à la jouiſſance des hommes ſe réduiſent à celles que la nature produit ſpontanément & ſur leſquelles chaque homme ne peut faire uſage de ſon droit naturel indéterminé, qu'en s'en procurant quelque portion par ſon travail, c'eſt-à-dire, par ſes recherches. D'où il s'enſuit, 1°. que ſon droit à tout n'eſt qu'idéal : 2°. que la portion de choſes dont il jouit dans l'état de pure nature s'obtient par le travail : 3°. que ſon droit aux choſes propres à ſa jouiſſance, doit être conſidéré dans l'ordre de la nature & dans l'ordre de la justice; car dans l'ordre de la nature il est indéterminé tant qu'il n'est pas assuré par la possession actuelle ; & dans l'ordre de la justice il est déterminé par une possession effective de droit naturel, acquise par le travail, sans usurpation sur le droit de possession d'autrui : 4°. que dans l'état de pure nature, les hommes pressés de satisfaire à leurs besoins, chacun par ses recherches, ne perdront pas leur temps à se livrer inutilement entr'eux une guerre qui n'apporteroit que de l'obstacle à leurs occupations nécessaires pour pourvoir à leur subsistance (6) : 5°. que le droit natu-

---

(6) C'est ici le cas du proverbe qui peut s'adresser à tous dans l'état de pure nature, *si tu en as besoin vas-en chercher, personne ne s'y oppose* : cette régle s'étend jusqu'aux bêtes ; celles d'une même espece qui sont dans le même cas, ne cherchent point à se faire la guerre pour s'empêcher réciproquement de se procurer leur nourriture par leurs recherches.

rel, compris dans l'ordre de la nature; & dans l'ordre de la justice, s'étend à tous les états dans lesquels les hommes peuvent se trouver respectivement les uns aux autres.

CHAPITRE III.

De l'inégalité du droit naturel des Hommes.

Nous avons vu que dans l'état même de pure nature ou d'entiere indépendance, les hommes ne jouissent de leur droit naturel aux choses dont ils ont besoin que par le travail, c'est-à-dire, par les recherches nécessaires pour les obtenir; ainsi le droit de *tous à tout* se réduit à la portion que chacun d'eux peut se procurer, soit qu'ils vivent de la chasse, ou de la pêche, ou des végétaux qui naissent naturellement. Mais pour faire ces recherches, & pour y réussir, il leur faut les facultés du corps & de l'esprit, & les moyens ou les instrumens nécessaires pour agir & pour parvenir à satisfaire à leurs besoins. La jouissance de leur droit naturel doit être fort bornée dans cet état de pure nature & d'indépendance, où nous ne supposons encore entr'eux aucun concours pour s'entr'aider mutuellement, & où les forts peuvent uſer injuſtement de violence contre les foibles. Lorſqu'ils entreront en ſociété, & qu'ils feront entr'eux des conventions pour leur avantage réciproque, ils augmenteront donc la jouiſſance de leur droit naturel ; & ils s'aſſureront même la pleine étendue de cette jouiſſance, ſi la conſtitution de la ſociété eſt conforme à l'ordre évidemment le plus avantageux aux hommes, relativement aux loix fondamentales de leur droit naturel.

Mais en conſidérant les facultés corporelles & intellectuelles, & les autres moyens de chaque homme en particulier, nous y trouverons encore une grande inégalité relativement à la jouiſſance du droit naturel des hommes. Cette inégalité n'admet ni juſte ni injuſte dans ſon principe ; elle réſulte de la combinaiſon des loix de la nature ; & les hommes ne pouvant pénétrer les deſſeins de l'Être Suprême dans la conſtruction de l'Univers, ne peuvent s'élever juſqu'à la deſtination des régles immuables qu'il a instituées pour la formation & la conservation de son ouvrage. Cependant, si on examine ces régles avec attention, on appercevra au moins que les causes *physiques* du mal *physique* sont elles-mêmes les causes des biens *physiques*; que la pluie, qui incommode le voyageur, fertilise les terres : & si on calcule sans prévention, on verra que ces causes produisent infiniment plus de bien que de mal, & qu'elles ne sont instituées que pour le bien; que le mal qu'elles causent incidemment, résulte nécessairement de l'essence même des propriétés par lesquelles elles opérent le bien. C'est pourquoi elles ne sont, dans l'ordre naturel relatif aux hommes, des loix obligatoires que pour le bien; elles nous imposent le devoir d'éviter, autant que nous le pouvons, le mal que nous avons à prévoir par notre prudence.

Il faut donc bien se garder d'attribuer aux loix physiques les maux qui sont la juste & inévitable punition de la violation de l'ordre même des loix physiques, instituées pour opérer le bien. Si un Gouvernement s'écartoit des loix naturelles qui assurent les succès de l'Agriculture, oseroit-on s'en prendre à l'Agriculture elle-même de ce que l'on manqueroit de pain, & de ce que l'on verroit en même temps diminuer le nombre des hommes, & augmenter celui des malheureux ?

Les transgressions des loix naturelles sont les causes les plus étendues & les plus ordinaires des maux physiques qui affligent les hommes : les riches mêmes, qui ont plus de moyens pour les éviter, s'attirent par leur ambition, par leurs passions, & même par leurs plaisirs, beaucoup de maux dont ils ne peuvent inculper que leurs déréglemens. Ceci nous meneroit insensiblement à une autre cause du mal physique & du mal moral, laquelle est d'un autre genre que les loix physiques ; c'est le mauvais usage de la liberté des hommes. La liberté, cet attribut constitutif de l'homme, & que l'homme voudroit

droit étendre au de-là de ses bornes, paroît à l'homme n'avoir jamais tort : s'il se nuit à lui même, s'il détruit sa santé, s'il dissipe ses biens & ruine sa famille par le mauvais usage de sa liberté, il se plaint de l'Auteur de sa liberté, lorsqu'il voudroit être encore plus libre (7); il ne

(7) Que signifient ces mots *plus libre ?* signifient-ils plus arbitraire, c'est-à-dire, plus indépendant des motifs qui agissent sur la volonté ? Non, car cette indépendance, si elle étoit entiere, réduiroit la volonté à l'état d'indifférence; & dans cet état la liberté seroit nulle : ce n'est donc pas dans ce sens que l'on peut dire *plus libre*. Ces mots peuvent encore moins se rapporter à l'état de la volonté subjuguée par des motifs invincibles. Ces deux extrêmes sont les termes qui limitent l'étendue de l'usage naturel de la liberté.

LA LIBERTÉ est une faculté relative à des motifs excitans & surmontables, qui se contrebalancent & s'entr'affoiblissent les uns les autres, & qui présentent des intérêts & des attraits opposés, que la raison plus ou moins éclairée, & plus ou moins préoccupée examine & apprécie. Cet état de délibération consiste dans plusieurs actes de l'exercice de la liberté, plus ou moins soutenus par l'attention de

s'apperçoit pas qu'il est lui-même en contradiction avec lui-même. Qu'il reconnoisse donc ses extravagances; qu'il apprenne à bien employer cette liberté,

---

l'esprit. Mais pour avoir une idée encore plus exacte de la liberté, il ne faut pas confondre son état de délibération avec l'acte décisif de la volonté, qui est un acte simple, définitif, plus ou moins précipité, qui fait cesser tout exercice de la liberté, & qui n'est point un acte de la liberté, mais seulement une détermination absolue de la volonté, plus ou moins préparée pour le choix par l'exercice de la liberté.

D'après ces observations familieres à tout homme un peu attentif à l'usage de ses pensées, on peut demander à ceux qui nient la liberté, *s'ils sont bien assurés de n'avoir jamais délibéré?* S'ils avouent qu'ils ont délibéré, on leur demandera *pourquoi ils ont délibéré*? Et s'ils avouent que c'étoit *pour choisir*, ils reconnoîtront l'exercice d'une faculté intellectuelle entre les motifs & la décision. Alors on sera d'accord de part & d'autre sur la réalité de cette faculté; & il deviendra inutile de disputer sur le nom.

Mais, sous ce nom, ne réunissons pas des conditions contradictoires; telles que la condition de

qui lui eſt ſi chere ; qu'il banniſſe l'ignorance & les déréglemens, ſources des maux qu'il ſe cauſe par l'uſage de ſa liberté. Il eſt de ſa nature d'être libre &

---

pouvoir également acquieſcer à tous les motifs actuels, & la condition de pouvoir également n'acquieſcer à aucun ; conditions qui excluent toute raiſon de préférence, de choix & de déciſion. Car alors tout exercice, tout uſage, en un mot, toutes les propriétés eſſentielles de la faculté même, qu'on appelleroit liberté, n'exiſteroient pas ; ce nom ne ſignifieroit qu'une abſtraction inconcevable, comme celle du bâton ſans deux bouts. Dépouiller la volonté de l'homme de toutes cauſes déterminantes, pour le rendre libre, c'eſt annuller la volonté ; car tout acte de la volonté eſt de vouloir une choſe, qui elle-même détermine la volonté à vouloir. Anéantir les motifs, c'eſt anéantir la liberté même, où la faculté intellectuelle qui examine & apprécie les objets relatifs aux affections de la volonté......

Ne nous arrêtons pas davantage à cette abſurdité, & concluons en obſervant qu'il n'y a que l'homme ſage qui s'occupe à perfectionner ſa liberté ; les autres croient toujours être aſſez libres quand ils ſatisfont leurs deſirs : auſſi ne ſont-ils

intelligent, quoiqu'il ne soit quelquefois ni l'un ni l'autre. Par l'usage aveugle & imprudent de sa liberté, il peut faire de mauvais choix; par son intelligence,

---

attentifs qu'à se procurer les moyens de multiplier les choix qui peuvent étendre, non pas leur liberté, mais l'usage imprudent de leur liberté. Celui qui n'a qu'un mets pour son repas, n'a que le choix de le laisser ou de le manger, & d'en manger plus ou moins; mais celui qui a vingt mets, a le pouvoir d'étendre l'exercice de sa liberté sur tous ces mets, de choisir ceux qu'il trouvera les meilleurs, & de manger plus ou moins de ceux qu'il aura choisis. C'est en ce sens que l'homme brut n'est occupé qu'à étendre toujours l'usage de sa liberté & à satisfaire ses passions avec aussi peu de discernement que de modération; ce qui a forcé les hommes qui vivent en société, à établir eux-mêmes des loix pénales pour réprimer l'usage effréné de leur liberté. Alors ils étendent leur liberté par des motifs intéressants qui se contre-balancent & excitent l'attention, qui est pour ainsi dire *l'organe actif* de la liberté ou de la délibération. Ainsi la liberté ou délibération peut s'étendre par les motifs mêmes qui limitent l'usage précipité & imprudent de la liberté.

il peut parvenir aux meilleurs choix, & ſe conduire avec ſageſſe, autant que le lui permet l'ordre des loix phyſiques qui conſtituent l'Univers (8).

Le bien phyſique & le mal phyſique, le bien moral & le mal moral ont donc évidemment leur origine dans les loix naturelles. Tout a ſon eſſence immuable, & les propriétés inſéparables de ſon eſſence. D'autres loix auroient d'autres propriétés eſſentielles, vraiſemblablement moins conformes à la perfection à laquelle l'Auteur de la nature a porté ſon ouvrage : celles qu'il a inſtituées ſont juſtes & parfaites dans le plan général, lorſqu'elles ſont conformes à l'ordre & aux fins qu'il s'eſt propoſées ; car il eſt lui-même l'Auteur des loix & des régles, & par conſéquent ſupérieur

(8) Il y a bien des eſpeces & bien des degrés de folie ; mais tout homme qui eſt fou par l'effet d'une mauvaiſe conſtitution de ſon cerveau, eſt entraîné par une *loi phyſique*, qui *ne lui permet pas de faire le meilleur choix*, *ou de ſe conduire avec ſageſſe*.

aux loix & aux régles. Mais leur destination est d'opérer le bien, & tout est soumis à celles qu'il a instituées ; l'homme doué d'intelligence a la prérogative de pouvoir les contempler & les connoître pour en retirer le plus grand avantage possible, sans être réfractaire à ces loix & à ces régles souveraines.

D'où suit que chacun a le droit naturel de faire usage avec reconnoissance de toutes les facultés qui lui ont été départies par la Nature, dans les circonstances où elle l'a placé, sous la condition de ne nuire ni à soi-même ni aux autres : condition sans laquelle personne ne seroit assuré de conserver l'usage de ses facultés ou la jouissance de son droit naturel, & qui nous conduit au Chapitre suivant.

CHAPITRE IV.

Du droit naturel des Hommes considérés relativement les uns aux autres.

LES hommes peuvent être considérés dans l'état de solitude & dans l'état de multitude.

Si l'on envisage les hommes comme dispersés de maniere qu'ils ne puissent avoir entr'eux aucune communication, on apperçoit qu'ils sont complettement dans l'état de pure nature & d'entiere indépendance, sans aucun rapport de juste & d'injuste relativement les uns aux autres. Mais cet état ne peut subsister que le temps de la durée de la vie de chaque individu; ou bien il faudroit supposer que ces hommes vivroient au moins, chacun avec une femme, dans leur retraite; ce qui changeroit entierement l'hypothèse de leur état de solitude : car cette association d'une femme & des enfans qui surviendroient, admettroit un ordre de dépendance, de justice, de devoirs, de sûreté, de secours réciproques.

Tout homme est chargé de sa conservation sous peine de souffrance, & il souffre seul quand il manque à ce devoir envers lui-même, ce qui l'oblige à le remplir préalablement à tout autre. Mais tous ceux avec lesquels il est associé sont chargés envers eux-mêmes du même devoir sous les mêmes peines. Il est de l'ordre naturel que le plus fort soit le chef de la famille ; mais il n'est pas de l'ordre de la justice qu'il usurpe sur le droit naturel de ceux qui vivent en communauté d'intérêts avec lui. Il y a alors un ordre de compensation dans la jouissance du droit naturel de chacun qui doit être à l'avantage de tous les individus de la famille, & qui doit être réglé par le chef, selon l'ordre même de la justice distributive, conformément aux devoirs prescrits par la nature, & à la coopération où chacun contribue selon sa capacité aux avantages de la ſociété. Les uns & les autres y contribuent diverſement, mais l'emploi des uns eſt à la décharge de l'emploi des autres; par cette diſtribution d'emploi, chacun peut remplir le ſien plus complettement; & par ce ſupplément réciproque, chacun contribue à peu près également à l'avantage de la ſociété; donc chacun doit y jouir de toute l'étendue de ſon droit naturel, conformément au bénéfice qui réſulte du concours des travaux de la ſociété; & ceux qui ne ſont pas en état d'y contribuer, doivent y participer à raiſon de l'aiſance que cette ſociété particuliere peut ſe procurer. Ces régles qui ſe manifeſtent d'elles-mêmes, dirigent la conduite du chef de famille pour réunir dans la ſociété l'ordre naturel & l'ordre de la juſtice. Il y eſt encore excité par des ſentimens de ſatisfaction, de tendreſſe, de pitié, &c. qui ſont autant d'indices des intentions de l'Auteur de la nature, ſur l'obſervation des régles qu'il preſcrit aux hommes pour les obliger par devoir à s'entre-secourir mutuellement.

Si on considere les hommes dans l'état de multitude, où la communication entr'eux est inévitable, & où cependant il n'y auroit pas encore de loix positives qui les réunissent en société sous l'autorité d'une Puissance souveraine, & qui les assujettissent à une forme de Gouvernement, il faut les envisager comme des peuplades de Sauvages dans des deserts, qui y vivroient des productions naturelles du territoire, ou qui s'exposeroient par nécessité aux dangers du brigandage, s'ils pouvoient faire des excursions chez des Nations où il y auroit des richesses à piller; car dans cet état ils ne pourroient se procurer des richesses par l'Agriculture, ni par les pâturages des troupeaux, parce-qu'il n'y auroit pas de Puissance tutelaire pour leur en assurer la propriété. Mais il faudroit au moins qu'il y eût entr'eux des conventions tacites ou explicites pour leur sûreté personnelle; car les hommes ont, dans cet état d'indépendance, une crainte les uns des autres, qui les inquiete réciproquement, & sur laquelle ils peuvent facilement se rassurer de part & d'autre, parce que rien ne les intéresse plus que de se délivrer réciproquement de cette crainte. Ceux de chaque canton se voient plus fréquemment; ils s'accoutument à se voir, la confiance s'établit entr'eux, ils s'entr'aident, ils s'allient par des mariages, & forment en quelque sorte des Nations particulieres, où tous sont ligués pour leur défense commune, & où d'ailleurs chacun reste dans l'état de pleine liberté & d'indépendance les uns envers les autres, avec la condition de leur sûreté personnelle entr'eux, & de la propriété de l'habitation & du peu d'effets ou ustensiles qu'ils ont chacun en leur possession & à leur garde particuliere.

Si leurs richesses de propriété étoient plus considérables & plus dispersées, ou plus exposées au pillage, la constitution de ces Nations ne ſuffiroit pas pour leur en aſſurer la propriété ; il leur faudroit alors des loix poſitives écrites, ou de convention, & une autorité ſouveraine pour les faire obſerver : car leurs richeſſes, faciles à enlever, & abandonnées à la fidélité publique, ſuſciteroient aux compatriotes peu vertueux des deſirs qui les porteroient à violer le droit d'autrui.

La forme des ſociétés dépend donc du plus ou du moins de biens que chacun poſſede, ou peut poſſéder, & dont il veut s'aſſurer la conſervation & la propriété.

Ainſi les hommes qui ſe mettent ſous la dépendance, ou plutôt ſous la protection des loix poſitives & d'une autorité tutelaire, étendent beaucoup leur faculté d'être propriétaires ; & par conſéquent étendent beaucoup l'uſage de leur droit naturel, au lieu de le reſtreindre.

CHAPITRE V.

Du droit naturel des Hommes réunis en société sous une autorité souveraine.

Il y a des sociétés qui sont gouvernées, les unes par une autorité monarchique, les autres par une autorité aristocratique, d'autres par une autorité démocratique, &c. Mais ce ne sont pas ces différentes formes d'autorités qui décident de l'essence du droit naturel des hommes réunis en société, car les loix varient beaucoup sous chacune de ces formes. Les loix des Gouvernemens, qui décident du droit des Sujets, se réduisent presque toujours à des loix positives ou d'institution humaine : or ces loix ne sont pas le fondement essentiel & immuable du droit naturel ; & elles varient tellement, qu'il ne seroit pas possible d'examiner l'état du droit naturel des hommes sous ces loix. Il est même inutile de tenter d'entrer dans cet examen : car là où les loix & la Puiſſance tutelaire n'aſſurent point la propriété & la liberté, il n'y a ni Gouvernement, ni ſociété profitables, il n'y a que domination & anarchie ſous les apparences d'un Gouvernement ; les loix poſitives & la domination y protégent & aſſurent les uſurpations des forts, & annéantiſſent la propriété & la liberté des foibles. L'état de pure nature eſt alors plus avantageux que cet état violent de ſociété, qui paſſe par toutes les viſſicitudes de déreglemens, de formes, d'autorités & de ſouverains. Ce qui paroît même ſi inévitable que les hommes qui ſe livrent à la contemplation de tous ces changemens, ſe perſuadent intimément qu'il eſt dans l'ordre de la fatalité des Gouvernemens d'avoir leurs commencemens, leurs progrès, leur plus haut dégré de puiſſance, leur déclin & leur fin. Mais ils ont dû remarquer auſſi que cet ordre eſt bien irrégulier, que les paſſages y ſont plus ou moins rapides, plus ou moins uniformes, plus ou moins inégaux, plus ou moins compliqués d'événemens imprévus, favorables ou désastreux, plus ou moins dirigés ou fortuits, plus ou moins attribués à la prudence ou aux méprises, aux lumieres ou à l'ignorance, à la sagesse ou aux passions effrénées de ceux qui gouvernent : ainsi ils auroient dû en conclure au moins que le fatalisme des mauvais Gouvernemens n'est pas une dépendance de l'ordre naturel & immuable, *l'archetype* des Gouvernemens.

Pour connoître l'ordre des temps & des lieux, pour régler la navigation & assurer le commerce, il a fallu observer & calculer avec précision les loix du mouvement des corps célestes : il faut de même, pour connoître l'étendue du droit naturel des hommes réunis en société, se fixer aux loix naturelles constitutives du meilleur Gouvernement possible. Ce Gouvernement auquel les hommes doivent être assujettis, consiste dans l'ordre naturel & dans l'ordre positif, les plus avantageux aux hommes réunis en société.

Les hommes réunis en société doivent donc être assujettis à des loix naturelles & à des loix positives.

Les loix naturelles sont ou physiques, ou morales.

On entend ici par loi physique *le cours réglé de tout évenement physique de l'ordre naturel évidemment le plus avantageux au genre humain.*

On entend ici par loi morale *la régle de toute action humaine de l'ordre moral conforme à l'ordre physique évidemment le plus avantageux au genre humain.*

Ces loix forment ensemble ce qu'on appelle *la loi naturelle.* Tous les hommes & toutes les Puissances humaines doivent être soumis à ces loix souveraines, instituées par l'Être Suprême : elles sont immuables & irréfragables, & les meilleures loix possibles ; (9) par conséquent

(9) L'ordre naturel le plus avantageux aux hommes, n'est peut-être pas le plus avantageux aux autres animaux ; mais dans le droit illimité l'homme a celui de faire sa part la meilleure possi-

la

la base du Gouvernement le plus parfait, & la régle fondamentale de toutes les loix positives; car les loix positives ne sont que des loix de manutention relatives à l'ordre naturel évidemment le plus avantageux au genre humain.

Les loix positives sont des *régles authentiques établies par une autorité souveraine, pour fixer l'ordre de l'administration du Gouvernement, pour assurer la défense de la société, pour faire observer régulierement les loix naturelles, pour réformer ou maintenir les coutumes & les usages introduits dans la Nation, pour régler les droits particuliers des Sujets relativement à leurs différents états, pour déterminer l'ordre positif dans les cas douteux réduits à des probabilités d'opinion ou de convenance, pour asseoir les décisions de la Justice distributive.* Mais

ble. Cette supériorité appartient à son intelligence; elle est de droit naturel, puisque l'homme la tient de l'Auteur de la nature, qui l'a décidé ainsi par les loix qu'il a instituées dans l'ordre de la formation de l'Univers.

la premiere loi positive, la loi fondamentale de toutes les autres loix positives, est *l'institution de l'instruction publique & privée des loix de l'ordre naturel*, qui est la régle souveraine de toute législation humaine & de toute conduite civile, politique, économique & sociale. Sans cette institution fondamentale les Gouvernemens & la conduite des hommes ne peuvent être que ténebres, égaremens, confusion & désordres : car sans la connoissance des loix naturelles, qui doivent servir de base à la législation humaine & de régles souveraines à la conduite des hommes, il n'y a nulle évidence de juste & d'injuste, de droit naturel, d'ordre physique & moral ; nulle évidence de la distinction essentielle de l'intérêt général & de l'intérêt particulier, de la réalité des causes de la prospérité & du dépérissement des Nations ; nulle évidence de l'essence du bien & du mal moral, des droits sacrés de ceux qui commandent & des devoirs de ceux à qui l'ordre social prescrit l'obéissance.

La légiſlation poſitive conſiſte donc dans la déclaration des loix naturelles, conſtitutives de l'ordre évidemment le plus avantageux poſſible aux hommes réunis en ſociété : on pourroit dire tout ſimplement le plus avantageux poſſible au Souverain ; car ce qui eſt réellement le plus avantageux au Souverain, eſt le plus avantageux aux Sujets. Il n'y a que la connoiſſance de ces loix ſuprêmes qui puiſſe aſſurer conſtamment la tranquillité & la proſpérité d'un Empire ; & plus une Nation s'appliquera à cette ſcience, plus l'ordre naturel dominera chez elle, & plus l'ordre poſitif y ſera régulier : on ne propoſeroit pas, chez une telle Nation, une loi déraiſonnable, car le Gouvernement & les Citoyens en appercevroient auſſi-tôt l'abſurdité.

Le fondement de la ſociété eſt la ſubſiſtance des hommes, & les richeſſes néceſſaires à la force qui doit les défendre : ainſi il n'y auroit que l'ignorance qui pût, par exemple, favoriſer l'introduction de loix positives contraires à l'ordre de la réproduction & de la distribution réguliere & annuelle des richesses du territoire d'un Royaume. Si le flambeau de la raison y éclaire le Gouvernement, toutes les loix positives nuisibles à la société & au Souverain, disparoîtront.

Il s'agit ici de la raison exercée, étendue & perfectionnée par l'étude des loix naturelles. Car la simple raison n'éleve pas l'homme au-dessus de la bête; elle n'est dans son principe qu'une faculté ou une aptitude, par laquelle l'homme peut acquérir les connoissances qui lui sont nécessaires, & par laquelle il peut, avec ces connoissances, se procurer les biens physiques & les biens moraux essentiels à la nature de son être. La raison est à l'ame ce que les yeux sont au corps : sans les yeux l'homme ne peut jouir de la lumiere, & sans la lumiere il ne peut rien voir.

La raison seule ne suffit donc pas à l'homme pour se conduire; il faut qu'il acquiere par sa raison les connoissances qui lui ſont néceſſaires, & que par ſa raiſon il ſe ſerve de ces connoiſſances pour ſe conduire dignement, & pour ſe procurer les biens dont il a beſoin. L'ignorance eſt l'attribut primitif de l'homme brut & iſolé: dans la ſociété elle eſt la plus funeſte infirmité des hommes; elle y eſt même un crime, parce que les hommes étant doués d'intelligence doivent s'élever à un ordre ſupérieur à l'état des brutes; elle y eſt un crime énorme par ſon délit, car l'ignorance eſt la cauſe la plus générale des malheurs du genre humain & de ſon indignité envers l'Auteur de la nature, envers la lumiere éternelle, la ſuprême raiſon & la cauſe premiere de tout bien.

Mais la raiſon éclairée, conduite, & parvenue au point de connoître avec évidence la marche des loix naturelles, devient la régle néceſſaire du meilleur Gouvernement poſſible, où l'obſervation de ces loix ſouveraines multiplieroit abondamment les richeſſes néceſſaires à la ſubſiſrance des hommes, & au maintien de l'autorité tutelaire, dont la protection garantit, aux hommes réunis en ſociété, la propriété de leurs richeſſes, & la ſûreté de leurs perſonnes.

Il eſt donc évident que *le droit naturel* de chaque homme *s'étend à raiſon de ce que l'on s'attache à l'obſervation des meilleures loix poſſibles qui conſtituent l'ordre le plus avantageux aux hommes réunis en ſociété.*

Ces loix ne reſtreignent point la liberté de l'homme, qui fait partie de ſon droit naturel; car les avantages de ces loix ſuprêmes ſont manifeſtement l'objet du meilleur choix de la liberté. L'homme ne peut ſe refuſer raiſonnablement à l'obéiſſance qu'il doit à ces loix; autrement ſa liberté ne ſeroit qu'une liberté nuiſible à lui-même & aux autres; ce ne ſeroit que la liberté d'un inſenſé qui, dans un bon Gouvernement, doit être contenue & redreſſée par l'autorité des loix poſitives de la ſociété.

Fin du Droit Naturel.

AVIS

DE L'ÉDITEUR.

On vient de voir dans le Traité précédent, que l'obſervation des loix eſſentielles de l'ordre naturel évidemment le plus avantageux aux hommes réunis en ſociété, peut ſeule donner à l'uſage du droit naturel de l'homme toute l'extenſion dont il eſt ſuſceptible. Il n'eſt donc point d'étude plus importante à l'homme, & plus digne d'occuper l'intelligence qui lui fut donnée par le Créateur, que celle de ces loix ſuprêmes qu'on ne ſaurait violer impunément, & dont l'obſervation eſt inſéparable d'une récompenſe évidente & phyſique, comme les loix mêmes qui nous l'aſſurent. Mais pour s'instruire à fond de ces loix dont la connaissance est si nécessaire, pour être en état de suivre leur marche & de la peindre, il faut remonter jusques aux premieres notions qui doivent servir de base à la Science économique, il faut chercher & se représenter jusqu'à ce qu'on les ait comprises évidemment, quelles sont les opérations successives de la nature dans la réproduction annuelle des richesses, & dans leur distribution annuelle à toutes les classes d'hommes réunis en société sous la protection d'une autorité souveraine.

C'est à l'exposition & à l'explication de la suite naturelle de ces faits, que le Traité que l'on va lire est consacré. Si quelqu'un voulait s'épargner le travail d'étudier attenti-

vement les vérités qu'il renferme, & croyait pouvoir se borner à saisir quelques principes généraux, il se trouverait au milieu des problêmes de la Science économique, comme un voyageur privé des secours de la Géometrie, qui en traversant la chaîne immense des Alpes ne peut estimer que de l'œil les différentes hauteurs des cimes élevées les unes au-dessus des autres, & n'en saurait acquérir ainsi qu'une connaissance imparfaite & indéterminée. Mais celui qui se sera bien approprié les régles du calcul économique, celui qui les possédera & pour qui elles seront devenues une science, envisagera les questions les plus compliquées de l'économie politique, avec la certitude de les résoudre exactement, comme un Géometre regarde les distances & les hauteurs, dont son art, qui corrige les erreurs séduisantes de la perspective, mesure & calcule avec précision les plus legeres différences.

ANALYSE
DU
TABLEAU ÉCONOMIQUE.

Εὖ μὴν φερομένης τῆς γεωργίας, ἔρρωνται καὶ αἱ ἄλλαι τέχναι ἅπασαι· ὅπου δ' ἂν ἀναγκασθῇ ἡ γῆ χερσεύειν, ἀποσβέννυνται καὶ αἱ ἄλλαι τέχναι σχεδόν τι καὶ κατὰ γῆν καὶ κατὰ θάλατταν.

ΣΩΚΡΆΤΗΣ ἐν Ξενοφον.

Lorſque l'Agriculture proſpere, tous les autres Arts fleuriſſent avec elle ; mais quand on abandonne la culture, par quelque cauſe que ce ſoit, tous les autres travaux, tant ſur terre que ſur mer, s'anéantiſſent en même tems.

SOCRATE *dans* XENOPHON.

ANALYSE

DE LA FORMULE ARITHMÉTIQUE

DU

TABLEAU ÉCONOMIQUE

De la distribution des dépenses annuelles d'une Nation agricole.

LA Nation est réduite à trois classes de Citoyens : la *classe productive*, la *classe des propriétaires*, & la *classe stérile.*

La *classe productive* est celle qui fait renaître par la culture du territoire les richesses annuelles de la Nation, qui fait les avances des dépenses des travaux de l'agriculture, & qui paye annuellement les revenus des propriétaires des terres. On renferme dans la dépendance de cette classe tous les travaux & toutes les dépenses qui s'y font jusqu'à la vente des productions à la premiere main ; c'est par cette vente qu'on connoît la valeur de la réproduction annuelle des richesses de la Nation.

La *classe des propriétaires* comprend le Souverain, les Possesseurs des terres & les Décimateurs. Cette classe subsiste par le revenu ou *produit net* de la culture, qui lui est payé annuellement par la classe productive, après que celle-ci a prélevé, sur la réproduction qu'elle fait renaître annuellement, les richesses nécessaires pour se rembourser de ses avances annuelles & pour entretenir ses richesses d'exploitation.

La *classe stérile* est formée de tous les Citoyens occupés à d'autres services & à d'autres travaux que ceux de l'agriculture; & dont les dépenses sont payées par la classe productive & par la classe des propriétaires, qui eux-mêmes tirent leurs revenus de la classe productive.

Pour suivre & calculer clairement les rapports de ces différentes classes entre elles, il faut se fixer à un cas quelconque;

car on ne peut établir un calcul positif sur de simples abstractions.

Supposons donc un grand Royaume, dont le territoire porté à son plus haut degré d'agriculture, rapporteroit tous les ans une réproduction de la valeur de *cinq milliards* ; & où l'état permanent de cette valeur seroit établi sur les prix constans qui ont cours entre les Nations commerçantes, dans le cas où il y a constamment une libre concurrence de commerce, & une entiere sûreté de la propriété des richesses d'exploitation de l'agriculture (1).

---

(1) L'étendue du territoire seroit d'environ 130 millions d'arpens de terres de différentes qualités ; le fonds de richesses d'exploitation nécessaires pour tenir ce territoire en bonne valeur, seroit d'environ *douze milliards*, & la population d'environ *trente millions* de personnes qui pourroient subsister avec aisance, conformément à leur état, du produit annuel de *cinq milliards*.

Mais il ne faut pas oublier que par-tout où la population jouit d'une vie paisible, elle s'accroît ordinairement au-delà du produit du territoire ;

Le *Tableau économique* renferme les trois classes & leurs richesses annuelles, & décrit leur commerce dans la forme qui suit.

CLASSE *productive.*	CLASSE *des Propriétaires.*	CLASSE *stérile.*
AVANCES *annuelles* de cette *classe*, montant à *deux milliards*, (2) qui ont produit *cinq milliards*, dont *deux milliards* [illegible] en *produit net* ou *revenu*.	REVENU de *deux milliards* pour cette *classe* : il s'en dépense *un milliard* en achats à la *classe productive* & *l'autre milliard* en achats à la *classe stérile*.	AVANCES de cette *classe* de la somme *d'un milliard* qui se dépense par la *classe stérile* en achats de matieres premieres à la *classe productive*.

aussi la force d'un Etat & le nombre des Citoyens qui le composent, sont toujours assurés quand ils sont établis sur un fond de richesses d'exploitation suffisant pour l'entretien d'une riche culture. La conservation de ce fonds de richesses d'exploitation doit être le principal objet du Gouvernement économique ; car les revenus du Souverain & de la Nation en dépendent entierement, ainsi qu'il va être démontré par l'exposition de l'ordre régulier de la distribution des dépenses payées & entretenues par la réproduction annuelle.

(2) Les avances annuelles consistent dans les dépenses qui se font annuellement pour le travail

Ainsi

Ainsi la *classe productive* vend pour *un milliard* de productions aux *propriétaires* du *revenu*, & pour *un milliard* à la *classe stérile* qui y achete les matieres premieres de ses ouvrages, ci . . . . 2 milliards.

Le *milliard* que les *propriétaires* du *revenu* ont dépensé en achats à la *classe stérile*, est employé par cette classe, pour la subsistance des Agens dont elle est composée, en achats de productions prises à la *classe productive*, ci . . . . 1 milliard.

TOTAL des achats faits par les *propriétaires* du *revenu* & par la *classe stérile* à la *classe productive*, ci . . . . 3 milliards.

---

de la culture; ces avances doivent être distinguées des avances primitives qui forment le fond de l'établissement de la culture, & qui valent environ cinq fois plus que les avances annuelles.

De ces *trois milliards* reçus par la *classe productive* pour *trois milliards* de productions qu'elle a vendues, elle en doit *deux milliards* aux propriétaires pour l'année courante du revenu, & elle en dépense *un milliard* en achats d'ouvrages pris à la *classe stérile*. Cette derniere classe retient cette somme pour le remplacement de ses avances, qui ont été dépensées d'abord à la *classe productive* en achats des matieres premieres qu'elle a employées dans les ouvrages. Ainsi ses avances ne produisent rien ; elle les dépense, elles lui sont rendues, & restent toujours en réserve d'année en année.

Les matieres premieres & le travail pour les ouvrages montent les ventes de la *classe stérile* à *deux milliards*, dont *un milliard* est dépensé pour la subsistance des Agens qui composent cette classe : & l'on voit qu'il n'y a là que consommation ou anéantissement de productions & point de réproduction ; car cette classe ne subsiste que du payement successif de la rétribution dûe à ſon travail, qui eſt inſéparable d'une dépenſe employée en ſubſiſtances, c'eſt-à-dire, *en dépenſes de pure conſommation, ſans régénération de ce qui s'anéantit par cette dépenſe ſtérile, qui eſt priſe en entier ſur la réproduction annuelle du territoire.* L'autre *milliard* eſt réſervé pour le remplacement de ſes avances, qui, l'année ſuivante ſeront emploÿées de nouveau à la *claſſe productive* en achats de matieres premieres pour les ouvrages que la *claſſe ſtérile* fabrique.

Ainſi les *trois milliards* que la *claſſe productive* a reçu pour les ventes qu'elle a faites aux *propriétaires du revenu* & à la *claſſe ſtérile*, ſont employés par la claſſe productive au payement du revenu de l'année courante de *deux milliards* & en achats d'*un milliard* d'ouvrages qu'elle paye à la *claſſe ſtérile.*

La marche de ce commerce entre les différentes claſſes, & ſes conditions eſſentielles ne ſont point hypothétiques. Quiconque voudra refléchir, verra qu'elles ſont fidélement copiées d'après la nature : mais les *données* dont on s'eſt ſervi, & l'on en a prévenu, ne ſont applicables qu'au cas dont il s'agit ici.

Les divers états de proſpérité ou de dépériſſement d'une Nation agricole, offrent une multitude d'autres cas & par conſéquent d'autres *données*, dont chacune eſt le fondement d'un calcul particulier qui lui eſt propre en toute rigueur.

Celles d'où nous ſommes partis fixent, d'après la régle la plus conſtante dans l'ordre naturel, à *cinq milliards* la réproduction totale que la *claſſe productive* fait renaître annuellement avec *deux milliards* d'avances annuelles ſur un territoire tel que celui que nous avons décrit. Selon cette hypothèſe, les avances annuelles reproduiſent deux cent cinquante pour cent. Le revenu des propriétaires peut être alors égal aux avances annuelles. Mais ces données ont des conditions *ſine quabus non* ; elles ſuppoſent que la liberté du commerce ſoutient le débit des productions à un bon prix, par exemple, le prix du bled à 18 liv. le ſeptier; elles ſuppoſent d'ailleurs que le cultivateur n'ait à payer directement ou indirectement d'autres charges que le revenu; dont une partie, par exemple, les *deux ſeptiémes*, doit former le *revenu* du Souverain. Selon ces données ſur un revenu total de deux milliards, la part du Souverain ſeroit de 572 millions (3); celle des propriétaires ſeroit de *quatre ſeptiémes* ou *un* milliard 144 millions; celle des Décimateurs *d'un ſeptiéme* ou 286 millions, l'impôt compris. Il n'y a aucune maniere d'établir l'impôt qui puiſſe fournir un auſſi grand revenu public, ſans cauſer aucun dépériſſement

(3) Il eſt à remarquer qu'on ne comprend point dans cette évaluation l'impôt qui ſe leve ſur les dixmes affermées. En l'ajoutant à ce calcul, on verra que les *deux ſeptiémes*, qui forment la part du Souverain, lui donneroient ſans dégradation environ 650 millions d'impôt annuel.

dans la réproduction annuelle des richesses de la Nation (4).

Les Propriétaires, le Souverain & toute la Nation ont un grand intérêt que l'impôt soit établi en entier sur le revenu des terres immédiatement ; car toute autre forme d'imposition seroit contre l'ordre naturel, parce qu'elle seroit préjudiciable à la réproduction & à l'impôt, & que l'impôt retomberoit sur l'impôt même. Tout est assujetti ici bas aux loix de la nature : les hommes sont doués de l'intelligence nécessaire pour les connoître & les observer ; mais la multiplicité des objets exige de grandes combinaisons qui forment le fond d'une science évidente fort étendue, dont l'étude est indispensable

(4) S'il y avoit des biens fonds exempts de la contribution de l'impôt, ce ne devroit être qu'en considération de quelques avantages pour le bien de l'Etat, & alors cela devroit être compté comme faisant partie du revenu public ; aussi de telles exemptions ne doivent avoir lieu qu'à bon titre.

pour éviter les méprises dans la pratique.

Des *cinq milliards* de réproduction totale, les *propriétaires du revenu* & la *classe stérile* en ont acheté pour *trois milliards* pour leur consommation : ainsi il reste encore à la *classe productive* pour *deux milliards* de productions ; cette classe a acheté en outre pour *un milliard* d'ouvrages à la *classe stérile*, ce qui lui fait un fonds annuel de *trois milliards*, lequel est consommé par les divers Agens occupés, aux différents travaux de cette classe qui sont payés par les avances annuelles de la culture, & aux diverses réparations journalieres du fonds de l'établissement qui sont payées par les intérêts dont on va parler.

Ainsi la dépense annuelle de la classe productive est de *trois milliards*, savoir, *deux milliards* de productions qu'elle retient pour sa consommation, & *un milliard* d'ouvrages qu'elle a achetés à la classe stérile.

Ces *trois milliards* forment ce qu'on appelle LES REPRISES *de la classe produc-*

tive ; dont *deux milliards* constituent les avances annuelles qui se consomment pour le travail direct de la réproduction des *cinq milliards* que cette classe fait renaître annuellement pour restituer & perpétuer les dépenses qui s'anéantissent par la consommation : *l'autre milliard* est prélevé par cette même classe sur ses ventes pour les intérêts des avances de son établissement. On va faire sentir la nécessité de ces intérêts.

1°. Le fonds des richesses d'exploitation qui constitue les avances primitives est sujet à un dépérissement journalier qui exige des réparations continuelles, indispensablement nécessaires pour que ce fonds important reste dans le même état, & ne marche pas progressivement vers un anéantissement total qui détruiroit la culture & par conséquent la réproduction, & par conséquent les richesses de l'État, & par conséquent aussi la population.

2°. La culture est inséparable de plusieurs grands accidents qui détruisent quelquefois presqu'entierement la récolte ; telles sont la gelée, la grêle, la niêle, les inondations, la mortalité des bestiaux, &c. &c. Si les cultivateurs n'avoient aucun fonds en reserve, il s'ensuivroit qu'après de tels accidents ils ne pourroient pas payer les Propriétaires & le Souverain, ou qu'ils ne pourroient pas subvenir aux dépenses de leur culture l'année suivante : ce dernier cas seroit celui qui arriveroit toujours, attendu que le Souverain & les Propriétaires ont l'autorité pour se faire payer ; & l'on sent les conséquences funestes d'un pareil anéantissement de culture qui retomberoit bientôt & sans ressource sur les Propriétaires, sur le Souverain, sur les Décimateurs, sur tout le reste de la Nation.

Les intérêts des avances de l'établissement des cultivateurs doivent donc être compris dans leurs *reprises annuelles.* Ils servent à faire face à ces grands accidents & à l'entretien journalier des richesses d'exploitation qui demandent à être reparées sans cesse.

On a remarqué plus haut (note 2, page 48) que les *avances primitives* étoient d'environ cinq fois plus fortes que les *avances annuelles* : dans l'hypothèse actuelle où les *avances annuelles* sont de *deux milliards*, les *avances primitives* sont donc de *dix milliards*, les intérêts annuels d'*un milliard* ne sont que sur le pied de dix pour cent. Si l'on considere la quantité de dépenses auxquels ils doivent subvenir ; si l'on songe à l'importance de leur destination ; si l'on réfléchit que sans eux le payement des fermages & de l'impôt ne seroit jamais assuré, que la régénération des dépenses de la société s'éteindroit, que le fonds de richesses d'exploitation & par conséquent la culture disparoîtroient, que cette dévastation anéantiroit la plus grande partie du genre humain, & renverroit l'autre vivre dans les forêts ; on sentira qu'il s'en faut beaucoup que le taux de dix pour cent pour les intérêts des *avances* périssables de la culture, soit un taux trop fort.

Nous ne disons pas que tous les cultivateurs retirent annuellement, outre leurs *avances annuelles*, dix pour cent, pour les *intérêts* de leurs avances primitives : mais nous disons que telle est une des principales conditions d'un état de prospérité ; que toutes les fois que cela n'est pas ainsi chez une Nation, cette Nation est dans le dépérissement, & dans un dépérissement progressif d'année en année, tel que, lorsque sa marche est connue, on peut annoncer par le calcul le moment de l'entiere destruction. Nous disons d'ailleurs qu'un fonds placé aussi avantageusement pour la Nation que celui des avances de sa culture, doit par lui-même rapporter net aux Fermiers qui y joignent leurs travaux & l'emploi de leur intelligence, un intérêt annuel au moins aussi fort que celui que l'on paye aux rentiers fainéans.

La ſomme totale de ces intérêts ſe dépenſe annuellement, parceque les cultivateurs ne les laiſſent point oiſifs; car dans les intervalles où ils ne ſont pas obligés de les employer aux réparations, ils ne manquent pas de les mettre à profit pour accroître & améliorer leur culture, ſans quoi ils ne pourroient pas ſubvenir aux grands accidents. Voilà pourquoi on compte les intérêts dans la ſomme des dépenſes annuelles.

RÉSUMÉ.

Le total des *cinq milliards* partagé d'abord entre la *classe productive* & la *classe des propriétaires*, étant dépensé annuellement dans un ordre régulier qui assure perpétuellement la même réproduction annuelle, il y a *un milliard* qui est dépensé par les *propriétaires* en achats faits à la *classe productive*, & *un milliard* en achats faits à la *classe stérile* : la *classe productive* qui vend pour *trois milliards* de productions aux deux autres classes, en rend *deux milliards* pour le payement du revenu & en dépense *un milliard* en achats qu'elle fait à la classe stérile : ainsi la *classe stérile* reçoit *deux milliards* qu'elle emploie à la *classe productive* en achats pour la subsistance de ses agens & pour les matieres premieres de ses ouvrages ; & la *classe productive* dépense elle-même annuellement pour *deux milliards* de productions, ce qui complette la dépense ou la consommation totale des *cinq milliards* de réproduction annuelle.

Tel est l'ordre régulier de la distribution de la dépenſe des *cinq milliards* que la *claſſe productive* fait renaître annuellement par la dépenſe de *deux milliards* d'avances annuelles, compriſes dans la dépenſe totale des *cinq milliards* de réproduction annuelle.

On va préſentement offrir aux yeux du Lecteur la formule arithmétique de la diſtribution de cette dépenſe.

A la droite, en tête, eſt la ſomme des avances de la *claſſe productive*, qui ont été dépenſées l'année précédente, pour faire naître la récolte de l'année actuelle. Au-deſſous de cette ſomme eſt une ligne qui la ſépare de la colonne des ſommes que reçoit cette claſſe.

A la gauche, ſont les ſommes que reçoit la *claſſe ſtérile*.

Au milieu, en tête, eſt la ſomme du *revenu* qui ſe partage à droite & à gauche, aux deux *claſſes*, où elle eſt dépenſée.

Le partage de dépenſe eſt marqué par des lignes ponctuées qui partent de la ſomme du revenu & vont en deſcendant obliquement à l'une & à l'autre claſſe. Au bout de ces lignes est de part & d'autre la somme que les propriétaires du revenu dépensent en achats à chacune de ces classes.

Le commerce réciproque entre les deux classes est marqué aussi par des lignes ponctuées qui vont en descendant obliquement de l'une à l'autre classe où se font les achats ; & au bout de chaque ligne est la somme que l'une des deux classes reçoit de l'autre ainsi réciproquement par le commerce qu'elles exercent entr'elles pour leurs dépenses (5).

Enfin le calcul se termine de chaque côté par la somme totale de la recette de chacune des deux classes. Et l'on voit que

(5) Chaque somme que reçoivent la *classe productive* & la *classe stérile* suppose une double valeur, parcequ'il y a vente & achat, & par conséquent la valeur de ce qui est vendu & la valeur de la somme qui paye l'achat ; mais il n'y a de consommation réelle que pour la valeur des *cinq milliards* qui forment le total de la recette de la *classe productive*. Les sommes d'argent qui passent à chaque classe s'y distribuent par la circulation d'une somme totale d'argent qui recommence chaque année la même circulation. Cette somme d'argent peut être supposée plus ou moins grande

dans le cas donné, lorſque la diſtribution des dépenſes ſuit l'ordre que l'on a décrit & détaillé ci devant, la recette de la claſſe productive, en y comprenant ſes avances, eſt égale à la totalité de la réproduction annuelle, & que la culture, les richeſſes, la population reſtent dans le même état, ſans accroit ni dépériſſement. Un cas différent donneroit, comme on l'a dit plus haut, un réſultat différent.

---

dans ſa totalité, & la circulation plus ou moins rapide; car la rapidité de la circulation de l'argent peut ſuppléer en grande partie à la quantité de la maſſe d'argent. Dans une année, par exemple, où, ſans qu'il y eût de diminution dans la réproduction, il y auroit une grande augmentation du prix des productions, ſoit par des facilités données au commerce ou autrement; il ne ſeroit pas néceſſaire qu'il y eût augmentation de la maſſe pécuniaire pour le payement des achats de ces productions. Cependant il paſſeroit dans les mains des acheteurs & des vendeurs de plus groſſes ſommes d'argent qui feroient croire à la plûpart que la maſſe d'argent monnoyé ſeroit fort augmentée dans le Royaume. Auſſi cette apparence équivalente à la réalité eſt-elle fort myſterieuſe pour le vulgaire.

FORMULE

FORMULE

Du Tableau économique.

RÉPRODUCTION totale. *Cinq Milliards.*

	AVANCES annuelles *de la Classe productive.*	REVENU pour les propriétaires des terres, le Souverain & les Décimateurs.	AVANCES de la *Classe stérile.*
	2 *Milliards*	2 *Milliards*	1 *Milliard*
Sommes qui servent à payer le Revenu & les Intérêts des avances primitives.	1 *Milliard.*		1 *Milliard*
	1 *Milliard.*		1 *Milliard*
	1 *Milliard.*		
			TOTAL, 2 *Milliards* dont la moitié est retenue par cette Classe pour les avances de l'année suivante.
Dépense des avances annuelles.	2 *Milliards*		
TOTAL,	5 *Milliards*		

Si les propriétaires dépensoient plus à la *classe productive* qu'à la *classe stérile*, pour améliorer leurs terres & accroître leurs revenus, ce ſurcroît de dépenſes employé aux travaux de la claſſe productive devroit être regardé comme une addition aux avances de cette claſſe.

La dépenſe du revenu eſt ſuppoſée ici, dans l'état de proſpérité, ſe diſtribuer également entre la claſſe productive & la claſſe ſtérile, au lieu que la claſſe productive ne porte qu'un tiers de ſa dépenſe à la claſſe ſtérile; parceque les dépenſes du cultivateur ſont moins diſponibles que celles du propriétaire : mais plus l'agriculture languit, plus alors on doit lui conſacrer en partie les dépenſes diſponibles pour la rétablir.

OBSERVATIONS IMPORTANTES.

PREMIERE OBSERVATION.

On ne doit pas confondre les dépenses faites par les propriétaires à la *classe stérile*, & qui servent à la subsistance de cette *classe*, avec celles que les propriétaires font directement à la *classe productive* par eux-mêmes, par leurs commensaux & par les animaux qu'ils nourrissent ; car ces dépenses que font les propriétaires à la *classe productive* peuvent être plus profitables à l'agriculture que celles qu'ils font à la *classe stérile*.

Parmi les propriétaires du revenu, il y en a un grand nombre qui sont fort riches & qui consomment les productions du plus haut prix ; ainsi la masse de productions qu'ils consomment est en proportion beaucoup moins considérable que celle qui se consomme dans les autres classes à plus bas prix. Les hommes qui dépensent le revenu & qui achetent si cherement, doivent donc être aussi à proportion beaucoup moins nombreux comparativement à la somme de leurs achats. Mais leurs dépenses soutiennent le prix des productions de la meilleure qualité, ce qui entretient par gradation le bon prix des autres productions, à l'avantage des revenus du territoire.

Il n'en est pas de même des grandes dépenses que les *propriétaires* peuvent faire à la *classe stérile*; & c'est ce qui constitue la différence du luxe de subsistance & du luxe de décoration. Les effets du premier ne sont pas à craindre comme ceux de l'autre.

Celui qui achete un litron de petits pois 100 liv. les paie à un cultivateur qui les emploie en dépenses de culture à l'avantage de la réproduction annuelle. Celui qui achete un galon d'or 100 liv. le paye à un ouvrier qui en emploie une partie à racheter chez l'Etranger la matiere premiere ; il n'y a que l'autre partie, employée en achats pour sa subsistance, qui retourne à la *classe productive* ; & ce retour même n'est pas aussi avantageux que l'auroit été la dépense directe du propriétaire à la *classe productive* : car l'ouvrier n'achete pas pour sa subsistance des productions de haut prix & ne contribue donc pas, ainsi que fait le propriétaire, à entretenir la valeur & les revenus des bonnes terres qui ont la propriété de produire des denrées précieuses. Quant à ce qui a passé en achats chez l'Etranger, s'il revient à la *classe productive*, comme cela arrive en effet, du moins en partie, chez les Nations où il y a réciprocité de commerce de productions (6), c'est tou-

(5) Ce qui n'est pas ordinaire dans le commerce des Indes Orientales ; si ce n'est lorsqu'il se fait par des Commerçants étrangers qui nous vendent ce qu'ils y ont acheté, & qui employent chez nous, en achats de productions, l'argent même avec lequel nous avons payé leurs marchandises des Indes. Mais il n'en est pas de même lorsque ce

jours avec la charge des frais de commerce qui y causent une diminution, & empêchent ce retour d'être complet.

---

commerce se fait par nos Commerçants régnicoles, dont le trafic se borne entre nous & les Indiens Orientaux qui ne veulent que de l'argent.

DEUXIEME OBSERVATION.

Les dépenſes de ſimple conſommation ſont des dépenſes qui s'anéantiſſent elles-mêmes ſans retour ; elles ne peuvent être entretenues que par la *claſſe productive*, qui, quant à elle, peut ſe ſuffire à elle-même : ainſi elles doivent, quand elles ne ſont pas employées à la réproduction, être regardées comme des dépenſes *ſtériles*, & même comme nuiſibles, ou comme dépenſes de luxe, ſi elles ſont ſuperflues & préjudiciables à l'agriculture.

La plus grande partie des dépenſes des *propriétaires* ſont au moins des dépenſes *ſtériles ;* on n'en peut excepter que celles qu'ils font pour la conſervation & l'amélioration de leurs biens & pour en accroître la culture. Mais comme ils ſont de droit naturel chargés des ſoins de la régie & des dépenſes pour les réparations de leur patrimoine, ils ne peuvent pas être confondus avec la partie de la population qui forme la claſſe purement ſtérile.

TROISIEME OBSERVATION.

Dans l'état de prospérité d'un Royaume dont le territoire seroit porté à son plus haut degré possible de culture, de liberté & de facilité de commerce, & où par conséquent le revenu des *propriétaires* ne pourroit plus s'accroître, ceux-ci pourroient en dépenser *la moitié* en achats à la *classe stérile*. Mais si le territoire n'étoit pas complettement cultivé & amélioré, si les chemins manquoient, s'il y avoit des rivieres à rendre navigables & des canaux à former pour le voiturage des productions; ils devroient s'épargner sur leurs dépenses à la *classe stérile*, pour accroître par les dépenses nécessaires leurs revenus & leurs jouissances autant qu'il seroit possible. Jusqu'à ce qu'ils y fussent parvenus, leurs dépenses superflues à la *classe stérile* seroient des dépenses de luxe, préjudiciables à leur opulence & à la prospérité de la Nation; car tout ce qui est désavantageux à l'agriculture est préjudiciable à la Nation & à l'Etat, & tout ce qui favorise l'agriculture est profitable à l'Etat & à la Nation. C'est la nécessité des dépenses que les propriétaires seuls peuvent faire pour l'accroissement de leurs richesses & pour le bien général de la société, qui fait que la sûreté de la propriété fonciere est une condition essentielle de l'ordre naturel du Gouvernement des Empires.

La politique féodale a jadis envisagé cette propriété fonciere comme fondement de la force militaire des Seigneurs, mais elle n'a songé qu'à la propriété du terrein; delà tant de coutumes & tant de loix bisarres dans l'ordre des sucessions des biens fonds, qui subsistent encore malgré les changemens arrivés dans la Monarchie, tandis qu'on a été si peu attentif à la sûreté de la propriété des richesses mobiliaires nécessaires pour la culture qui peut seule faire valoir les biens fonds. On n'a pas assez vu que le véritable fondement de la force militaire d'un Royaume est la prospérité même de la Nation.

Rome a ſu vaincre & ſubjuguer beaucoup de Nations, mais elle n'a pas ſu *gouverner*. Elle a ſpolié les richeſſes de l'agriculture des pays ſoumis à ſa domination : dès lors ſa force militaire a diſparu, ſes conquêtes qui l'avoient enrichie lui ont été enlevées ; & elle s'eſt trouvée livrée elle-même ſans défenſe au pillage & aux violences de l'ennemi.

QUATRIEME OBSERVATION.

DANS l'ordre régulier que nous suivons ici, toute la somme des achats qui se font annuellement par les *propriétaires* & par la *classe stérile* revient annuellement à la *classe productive*, pour payer chaque année aux *propriétaires* le revenu de *deux milliards*, & pour lui payer à elle-même les intérêts de ses avances primitives & annuelles.

On ne pourroit rien soustraire à cette distribution de dépenses au désavantage de l'agriculture, ni rien soustraire des reprises du cultivateur, par quelque exaction ou par quelques entraves dans le commerce, qu'il n'arrivât du dépérissement dans la réproduction annuelle des richesses de la Nation & une diminution de population facile à démontrer par le calcul. Ainsi *c'est par l'ordre de la distribution des dépenses, selon qu'elles reviennent ou qu'elles sont soustraites à la* classe productive, *selon qu'elles augmentent ses avan-*

ces, ou qu'elles les diminuent, selon qu'elles soutiennent ou qu'elles font baisser le prix des productions, qu'on peut calculer les effets de la bonne ou mauvaise conduite d'une Nation.

La *classe stérile* ne peut dépenser pour la subsistance de ses agens qu'environ la moitié des *deux milliards* qu'elle reçoit, parceque l'autre moitié est employée en achats de matieres premieres pour ses ouvrages. Ainsi cette classe ne forme qu'environ un quart de la Nation.

Nous avons observé que sur les reprises de *trois milliards* de la *classe productive*, il y en a *un milliard* pour les intérêts des avances primitives & annuelles de cette classe, lequel est employé continuellement à la réparation de ces avances : ainsi il ne reste à cette classe qu'environ *deux milliards* pour la dépense de ses propres agens immédiats, qui par conséquent sont environ le double de ceux de la *classe stérile* : mais chacun avec l'aide des animaux de travail, y fait naître une réproduction qui peut faire subsister huit hommes, c'est-à-dire sa famille, qui peut être supposée de quatre personnes, & une autre famille de pareil nombre de personnes appartenant à la *classe stérile* ou à la *classe des propriétaires*.

Si on veut entrer dans un examen plus détaillé de la distribution des dépenses d'une Nation, on le trouvera dans la *Philosophie rurale*, chap. 7. On y verra qu'outre les *cinq milliards* qui forment ici la portion de la Nation, il y a d'autres dépenses : tels sont les frais de commerce & la nourriture des animaux de travail employés à la culture. Ces dépenses ne sont pas comprises dans la distribution des dépenses représentées dans le tableau, & étant ajoutées à celles-ci elles font monter la valeur totale de la réproduction annuelle à *six milliards trois cent soixante & dix millions*. Mais il est à remarquer à cet égard que les frais du commerce peuvent augmenter au désavantage ou diminuer au profit de la Nation, ſelon que cette partie eſt ou n'eſt pas dirigée contradictoirement à l'ordre naturel.

CINQUIEME OBSERVATION.

On a ſuppoſé dans l'état des dépenſes que l'on vient d'expoſer, que la Nation ne commerce que ſur elle-même : or il n'y a point de Royaume dont le territoire produiſe toutes les richeſſes propres à la jouiſſance de ſes habitans ; de ſorte qu'il faut un commerce extérieur, par lequel une Nation vend à l'Etranger une partie de ſes productions pour acheter de l'Etranger celles dont elle a beſoin. Cependant comme elle ne peut acheter de l'Etranger qu'autant qu'elle vend à l'Etranger, l'état de ſes dépenſes doit toujours être conforme à la réproduction qui renaît annuellement de ſon territoire. Les calculs de ces dépenſes peuvent donc être régulierement établis ſur la quotité de cette réproduction même, abſtraction faite de tout commerce extérieur dont les détails ſont indéterminés, incalculables & inutiles à rechercher ; il ſuffit de faire attention que dans l'état d'une libre concurrence de commerce extérieur, il n'y a qu'échange de valeur pour valeur égale, ſans perte ni gain de part ou d'autre.

Quant aux frais de voiturage, la Nation & l'Etranger les paient de part & d'autre dans leurs ventes ou dans leurs achats : & ils forment pour les Commerçants un fonds ſéparé de celui de la Nation : parceque dans le commerce extérieur des Nations agricoles, tout Négociant eſt étranger relativement aux intérêts de ces Nations. Ainſi un Royaume agricole & commerçant réunit deux Nations diſtinctes l'une de l'autre : l'une forme la partie conſtitutive de la ſociété attachée au territoire qui fournit le revenu, & l'autre eſt une addition extrinſéque qui fait partie de la République générale du commerce extérieur, employée & défrayée par les Nations agricoles. Les frais de ce commerce, quoique néceſſaires, doivent être regardés comme une dépenſe onéreuſe, prélevée ſur le revenu des propriétaires des terres ; ainſi ils

ils doivent être dégagés de tout monopole & de toutes surcharges qui retomberoient désastreusement sur les revenus des Souverains & des autres Propriétaires.

Dans l'état de libre concurrence de commerce extérieur, les prix qui ont cours entre les Nations commerçantes, doivent être la base du calcul des richesses & des dépenses annuelles des Nations qui ont un commerce facile & immune (7). Le commerce extérieur est plus ou moins étendu

(7) C'est-à-dire exempt de toutes contributions fiscales, seigneuriales, &c. de monopoles, d'appointemens d'Inspecteurs & d'autres Officiers inutiles. Le commerce, comme l'agriculture, ne doit avoir d'autre Gouvernement que l'ordre naturel. Dans tout acte de commerce, il y a le vendeur & l'acheteur qui stipulent contradictoirement & librement leurs intérêts; & leurs intérêts ainsi réglés par eux-mêmes, qui en sont seuls Juges compétens, se trouvent conformes à l'intérêt public: toute entremise d'Officiers, revêtus d'autorité, y est étrangere, & d'autant plus dangereuse qu'on y doit craindre l'ignorance & des motifs encore plus redoutables. Le monopole dans le commerce & dans l'agriculture n'a que trop souvent trouvé des protecteurs; la plantation des vignes, la vente des eaux

ſelon la diverſité des conſommations des habitans, & ſelon que les productions du pays ſont plus ou moins variées. Plus les productions d'un Royaume ſont variées, moins il y a d'exportations & d'importations, & plus la Nation épargne ſur les frais du commerce extérieur qui cependant doit être toujours fort libre, débarraſſé de toutes gênes & exempt de toutes impoſitions, parceque ce n'eſt que par la communication qu'il entretient entre les Nations, qu'on peut s'aſſurer conſtamment dans le commerce intérieur le meilleur prix poſſible des productions du territoire, & le plus grand revenu poſſible pour le Souverain & pour la Nation.

---

de vie de cidre, la liberté du commerce des grains, l'entrée des marchandiſes de main-d'œuvre étrangeres, ont été prohibées ; les manufactures du Royaume ont obtenu des priviléges excluſifs au préjudice les unes des autres ; on a contraint les Entrepreneurs des manufactures à employer des matieres premieres étrangeres à l'excluſion de celles du pays, &c. &c. ; de fauſſes lueurs ont brillé dans l'obſcurité, & l'ordre naturel a été interverti par des intérêts particuliers toujours cachés & toujours ſollicitans ſous le voile du bien général.

SIXIEME OBSERVATION.

On peut voir les mêmes productions passer plusieurs fois par les mains des Marchands & des Artisans ; mais il faut faire attention que ces répétitions de ventes & d'achats qui multiplient infructueusement la *circulation*, ne sont que transposition de marchandises, & augmentation de frais, sans production de richesses. Le compte des productions se réduit donc à leur quantité & aux prix de leurs ventes de la premiere main.

Plus ces prix sont assujettis à l'ordre naturel, & plus ils sont constamment hauts, plus aussi ils sont profitables dans les échanges que l'on fait avec l'Etranger, plus ils animent l'agriculture (8), plus ils soutiennent la valeur des différentes productions du territoire, plus ils accrois-

(8) L'intérêt du cultivateur est le premier ressort de toutes les opérations économiques & de tous les succès de l'agriculture : plus les productions sont constamment à haut prix, plus le retour annuel des reprises des fermiers est assuré,

ſent les revenus du Souverain & des Propriétaires, plus auſſi ils augmentent le numéraire de la Nation, & la maſſe des ſalaires payés pour la rétribution dûe au travail ou à l'emploi de ceux qui ne ſont pas poſſeſſeurs primitifs des productions.

L'emploi de ces ſalaires bien ou mal diſtribués, contribue beaucoup à la proſpérité ou à la dégradation d'un Royaume, à la régularité ou au déréglement des mœurs d'une Nation, & à l'accroiſſement ou à la diminution de la population. Les hommes peuvent être obſédés dans les campagnes & attirés par le luxe & la volupté dans la Capitale, ou bien ils peuvent être également répandus dans les Provinces. Dans ce dernier cas ils peuvent entretenir la conſommation proche de la production; au lieu que dans l'autre cas, ils ne peuvent éviter les grandes dépenſes

---

plus la culture s'accroît, & plus les terres rapportent de revenu, tant par le bon prix des productions, que par l'augmentation de la réproduction annuelle : plus la réproduction accroît, plus les richeſſes de la Nation ſe multiplient, & plus la puiſſance de l'Etat augmente.

de charrois qui font tomber les productions à bas prix dans les ventes de la premiere main & font décroître les revenus du territoire, la masse des salaires & la population.

Le commerce de revendeur peut s'étendre selon l'activité & les facultés des Commerçans ; mais celui d'une Nation agricole est réglé par la réproduction annuelle de son territoire. Les profits en pur bénéfice des Commerçans régnicoles ne doivent donc point se confondre avec les richesses de la Nation ; puisque celles-ci ne peuvent s'étendre annuellement au-delà du débit de la réproduction actuelle de son territoire assujettie aux prix courans des ventes de la premiere main. Le Commerçant tend à acheter au plus bas prix & à revendre au plus haut prix possible, afin d'étendre son bénéfice le plus qu'il est possible aux dépens de la Nation : son intérêt particulier & l'intérêt de la Nation sont opposés. Ce n'est pas cependant que le corps entier des Commerçans, &

même que chaque membre de ce corps immense n'ait, en regardant la chose en grand & dans sa véritable étendue, un intérêt très réel à ce que les productions soient constamment vendues à la premiere main le plus haut prix qu'il est possible : car plus elles sont vendues à haut prix & plus la culture donne de produit net; plus la culture donne de produit net, & plus elle est profitable; plus la culture est profitable & plus elle s'étend de toutes parts, plus elle fait renaître de production, plus elle fournit de reprises pour les Cultivateurs, de revenu pour le Souverain, pour les Propriétaires, pour les Décimateurs, & de salaires pour tous les autres ordres des Citoyens, plus les dépenses de toute espece se multiplient, plus le commerce acquiert d'objets, d'occasions & d'activité, & par conséquent plus la somme totale des gains des Commerçans augmente par l'effet même de la concurrence, qui, dans chaque circonstance particuliere, empêche ces gains d'être excessifs au préjudice des prix des productions. Mais il y a bien peu de Commerçans qui portent si loin leurs regards, & encore moins qui soient capables de sacrifier un gain présent à la certitude de ces grands avantages futurs. Aussi ne sont-ce point les Commerçans, mais les besoins des Consommateurs & les moyens qu'ils ont d'y satisfaire, qui assurent primitivement les prix des productions à la vente de la premiere main. Les Négocians ne font point naître les prix, ni la possibilité du commerce; mais c'est la possibilité du commerce & de la communication des prix qui fait naître les Négocians (9).

---

(9) Il en est de ceux-ci comme de la corde d'un puits & de l'usage qu'on en fait, qui ne sont point la source de l'eau qui est dans le puits; tandis qu'au contraire c'est l'eau qui est dans le puits, jointe à la connoissance & au besoin qu'on en a, qui est la cause de l'usage qu'on fait de la corde. Les hommes éclairés ne confondent pas les causes avec les moyens.

SEPTIEME OBSERVATION.

Nous n'avons point parlé de la masse d'argent monnoyé qui circule dans le commerce de chaque Nation ; & que le vulgaire regarde comme la vraie richesse des Etats, parceque *avec de l'argent on peut acheter*, dit-on, *tout ce dont on a besoin* : mais on ne se demande pas avec quoi on peut se procurer de l'argent ; cependant cette richesse ne se donne pas pour rien, elle coute autant qu'elle vaut à celui qui l'achete. C'est le commerce qui l'apporte aux Nations qui n'ont pas de mines d'or ou d'argent : mais ces Nations mêmes n'auroient ni or ni argent, si elles n'avoient pas de quoi les payer ; & elles en auront toujours autant qu'elles voudront en acheter, ou qu'il leur conviendra d'en acheter, si elles ont des productions à donner en échange.

Je dis autant qu'il leur conviendra d'en acheter ; car l'argent n'est pas la richesse dont les hommes ont besoin pour leur jouiſſance. Ce ſont les biens néceſſaires à la vie & à la réproduction annuelle de ces biens mêmes, qu'il faut obtenir. Convertir des productions en argent pour ſouſtraire cet argent aux dépenſes profitables à l'agriculture, ce ſeroit diminuer d'autant la réproduction annuelle des richeſſes. La maſſe d'argent ne peut accroître dans une Nation qu'autant que cette réproduction elle-même s'y accroît ; autrement l'accroiſſement de la maſſe d'argent ne pourroit ſe faire qu'au préjudice de la réproduction annuelle des richeſſes. Or le décroiſſement de cette réproduction entraîneroit néceſſairement, & bientôt, celui de la maſſe d'argent & l'appauvriſſement de la Nation ; au lieu que la maſſe d'argent peut décroître dans une Nation ſans qu'il y ait décroiſſement de richeſſes chez cette Nation, parcequ'on peut en bien des manieres ſuppléer à l'argent quand on eſt riche & qu'on a un commerce facile & libre : mais rien ne peut ſuppléer, ſans perte, au défaut de réproduction annuelle des richeſſes propres à la jouiſſance des hommes. On doit même préſumer que le pécule d'une Nation pauvre doit être à proportion plus conſidérable que celui d'une Nation riche : car il ne leur en reſte à l'une & à l'autre que la ſomme dont elles ont beſoin pour leurs ventes & pour leurs achats. Or chez les Nations pauvres on a beaucoup plus beſoin de l'entremiſe de l'argent dans le commerce ; il faut y payer tout comptant, parceque l'on ne peut s'y fier à la promeſſe de preſque perſonne. Mais chez les Nations riches, il y a beaucoup d'hommes connus pour riches & dont la promeſſe par écrit eſt regardée comme très ſûre & bien garantie par leurs richeſſes ; de ſorte que toutes les ventes conſidérables s'y font à crédit, c'eſt-à-dire par l'entremiſe de papiers valables qui ſuppléent à l'argent & facilitent beaucoup le commerce. Ce n'eſt donc pas par le plus ou le moins d'argent qu'on doit juger de l'opulence des Etats : auſſi eſtime-t-on qu'un pécule égal au revenu des propriétaires des terres, est beaucoup plus que suffisant pour une Nation agricole où la circulation se fait régulierement, & où le commerce s'exerce avec confiance & une pleine liberté (10).

---

(10) On remarque que le pécule d'Angleterre reste fixé à-peu-près à cette proportion, qui, dans l'état présent de ses richesses, le soutient environ à 26 millions sterlings, ou à 11 millions de marcs d'argent. Cette richesse en argent ne doit pas en imposer dans un pays où le commerce de revente & de voiturage domine, & où il faut distinguer le pécule des Commerçans de celui de la Nation. Ces deux parties n'ont rien de commun; si ce n'est qu'autant que les Commerçans veulent bien vendre à intérêt leur argent à la Nation qui a fondé ses forces militaires sur les emprunts, ce qui n'est pas une preuve de la puissance réelle d'un Etat. Si cette Nation s'est trouvée exposée par ses guerres à des besoins pressans, & à des emprunts excessifs, ce n'étoit pas par le défaut de l'argent, c'étoit par les dépenses qui excédoient le revenu public. Plus les emprunts suppléent aux revenus, plus les revenus se trouvent surchargés par les dettes; & la Nation se rui-

Quant à la République commerçante universelle répandue dans les différens pays, & quant aux petites Nations pure-

---

neroit, si la source même des revenus en souffroit un dépérissement progressif, qui diminuât la reproduction annuelle des richesses. C'est sous ce point de vûe qu'il faut envisager l'état des Nations; car c'est par les revenus du territoire qu'il faut juger de la prospérité & de la puissance réelle d'un Empire. Le pécule est toujours renaissant dans une Nation où les richesses se renouvellent continuellement & sans dépérissement.

Pendant près d'un siecle, c'est-à-dire, depuis 1444 jusqu'à 1525, il y a eu en Europe une grande diminution dans la quantité de l'argent, comme on peut en juger par le prix des marchandises en ce temps là; mais cette moindre quantité de pécule étoit indifférente aux Nations; parceque la valeur vénale de cette richesse étoit la même partout, & que, par rapport à l'argent, leur état étoit le même relativement à leurs revenus, qui étoient partout également mesurés par la valeur uniforme de l'argent. Dans ce cas, il vaut mieux, pour la commodité des hommes, que ce soit la valeur qui supplée à la masse, que si la masse suppléoit à la valeur.

ment commerçantes qui ne ſont que des parties de cette République immenſe, & qui peuvent en être regardées comme les

---

Il n'eſt pas douteux que la découverte de l'Amérique a procuré en Europe une plus grande abondance d'or & d'argent; cependant leur valeur avoit commencé à baiſſer très ſenſiblement par rapport aux marchandiſes, avant l'arrivée de l'or & de l'argent de l'Amérique en Europe. Mais toutes ces variétés générales ne changent rien à l'état du pécule de chaque Nation, qui ſe proportionne toujours aux revenus des biens fonds; abſtraction faite de celui qui fait partie du fond du commerce extérieur des Négocians, & qui circule entre les Nations, comme celui d'une Nation circule entre les Provinces du même Royaume.

Le pécule de ces Négocians circule auſſi entre la Métropole & ſes Colonies, ordinairement ſans y accroître les richeſſes de part ni d'autre; quelquefois même en les diminuant beaucoup, ſurtout lorſqu'il y a excluſion de la concurrence des Commerçans de tout pays. Dans ce cas le monopole accroît le pécule des Commerçans qui l'exercent ſur la Métropole & ſur les Colonies, & diminue celui des Colonies & de leur Métropole. Celle-ci néanmoins oublie que les Négocians ne

villes capitales, ou, si l'on veut, comme les principaux comptoirs, la masse de leur argent monnoyé est proportionnée à

---

lui donnent pas leur argent pour rien, & qu'ils lui revendent au contraire toute sa valeur cet argent qu'ils ont gagné à ses dépens : Elle se laisse persuader que comme ses Négocians sont nationaux, c'est elle-même qui profite du monopole qu'on exerce sur elle & sur ses Colonies, & qui diminue leurs richesses & le prix des productions de son propre territoire. Ces idées perverses & absurdes ont causé depuis quelques siecles un grand désordre en Europe.

Dans le siecle précédent, sous Louis XIV, le marc d'argent monnoyé valoit 28 liv. Ainsi 18,600,000 de marcs d'argent valoient alors environ 500 millions. C'étoit à-peu-près l'état du pécule de la France dans ce temps où le Royaume étoit beaucoup plus riche que sur la fin du regne de ce Monarque.

En 1716, la refonte générale des especes ne monta pas à 400 millions : le marc d'argent monnoyé étoit à 43 liv. 12 sols ; ainsi la masse des especes de cette refonte ne montoit pas à neuf millions de marcs ; c'étoit plus de moitié moins que dans les refontes générales de 1683 & 1693. Cette masse de pécule n'aura pû augmenter par l'étendue de leur commerce de revente ; elles augmentent cette maſſe autant qu'elles peuvent, par leurs profits & par

---

les fabrications annuelles d'eſpeces, qu'autant que le revenu de la Nation aura augmenté. Quelque conſidérable que ſoit le total de ces fabrications annuelles depuis cette refonte, il aura moins ſervi à augmenter la maſſe d'argent monnoyé, qu'à réparer ce qui en eſt enlevé annuellement par la contrebande, par les diverſes branches de commerce paſſif, & par d'autres emplois de l'argent chez l'Etranger ; car depuis cinquante ans, le total de ces tranſmiſſions annuelles bien calculé, ſe trouveroit fort conſidérable. L'augmentation du numéraire qui eſt fixée depuis longtems à 54 liv., ne prouve pas que la quantité du pécule de la Nation ait beaucoup augmenté ; puiſqu'augmenter le numéraire c'eſt tâcher de ſuppléer à la réalité par la dénomination.

Ces obſervations, il eſt vrai, ſont peu conformes aux opinions du vulgaire ſur la quantité d'argent monnoyé d'une Nation. Le peuple croit que c'eſt dans l'argent que conſiſte la richeſſe d'un Etat : mais l'argent, comme toutes les autres productions, n'eſt richeſſe qu'à raiſon de ſa valeur vénale, & n'eſt pas plus difficile à acquérir que toute autre marchandiſe, en le payant par d'au-

leur épargne, pour accroître le fonds de leur commerce; l'argent est leur propre patrimoine; les Commerçans ne l'employent dans leurs achats que pour le retirer avec bénéfice dans leurs ventes. Ils ne peuvent donc augmenter leur pécule qu'aux dépens des Nations avec lesquelles ils commercent; il est toujours en reserve entre leurs mains; il ne sort

---

tres richesses. Sa quantité dans un Etat y est bornée à son usage, qui y est réglé par les ventes & les achats que fait la Nation dans ses dépenses annuelles; & les dépenses annuelles de la Nation sont réglées par les revenus. Une Nation ne doit donc avoir d'argent monnoyé qu'à raison de ses revenus; une plus grande quantité lui seroit inutile; elle en échangeroit le superflu avec les autres Nations, pour d'autres richesses qui lui seroient plus avantageuses ou plus satisfaisantes; car les possesseurs de l'argent, même les plus économes, sont toujours attentifs à en retirer quelque profit. Si on trouve à le prêter dans le pays à un haut intérêt, c'est une preuve qu'il n'y est tout au plus que dans la proportion que nous avons observée, puisqu'on en paye l'usage ou le besoin à si haut prix.

de

de leurs comptoirs & ne circule que pour y revenir avec accroiſſement ; ainſi cet argent ne peut faire partie des richeſſes des Nations agricoles toujours bornées à leur réproduction, ſur laquelle elles payent continuellement les gains des Commerçans. Ceux-ci, en quelque pays que ſoit leur habitation, ſont liés à différentes Nations par leur commerce, c'eſt leur commerce même qui eſt leur patrie & le dépôt de leurs richeſſes ; ils achetent & vendent où ils réſident & où ils ne réſident pas ; l'étendue de l'exercice de leur profeſſion n'a point de limites déterminées & point de territoire particulier. Nos Commerçans ſont auſſi les Commerçans des autres Nations ; les Commerçans des autres Nations ſont auſſi nos Commerçans ; & les uns & les autres commercent auſſi entr'eux : ainſi la communication de leur commerce pénétre & s'étend par-tout, en viſant toujours finalement vers l'argent, que le commerce lui-même apporte & diſtribue dans les

Nations conformément aux prix assujettis à l'ordre naturel qui régle journellement les valeurs vénales des productions. Mais les Nations agricoles ont un autre point de vue, plus utile pour elles & plus étendu, elles ne doivent tendre qu'à la plus grande réproduction possible pour accroître & perpétuer les richesses propres à la jouissance des hommes ; l'argent n'est pour elles qu'une petite richesse intermédiaire qui disparoîtroit en un moment sans la réproduction.

Fin de l'Analyse du Tableau économique.

MAXIMES
GÉNÉRALES
DU GOUVERNEMENT
ÉCONOMIQUE
D'UN ROYAUME AGRICOLE.

AVIS
DE L'ÉDITEUR.

LE Droit naturel des hommes leur indique un ordre social physique, fondé invariablement & pour le plus grand avantage de l'humanité sur des loix naturelles & constitutives d'un Gouvernement parfait. Nous venons de voir la marche de l'ordre social physique exposée dans le Tableau économique. Les Maximes générales suivantes réunissent les principales loix naturelles & immuables ~~qui forment~~ Conformes à l'ordre évidemment le plus avantageux aux hommes réunis en société. Les Notes qui y sont jointes y ajoutent encore des développemens. Tous ces ouvrages sont intimément liés, & forment un ensemble complet, comme les raci-

nes, le tronc, les branches & les feuilles d'un arbre fécond & vigoureux fait, j'ose le dire, pour durer autant que le monde, & pour enrichir par des fruits toujours abondans les hommes qui voudront en profiter.

Nous voici arrivés dans ce Recueil à la partie la plus intéressante pour le plus grand nombre des Lecteurs qui ne demandent que des résultats & à qui leurs occupations ne permettent pas de saisir autre chose. Les Maximes quand elles sont vraies, quand elles sont fondées sur l'ordre naturel, sont toujours accordées & consenties, elles passent de bouche en bouche & se retiennent avec facilité. Les Savans, les hommes d'Etat, les Génies supérieurs, en connaissent les principes & les preuves; ils en ont une évidence entiere & raisonnée. Les hommes ordinaires & le Peuple même en ont, si l'on peut ainsi dire, l'évidence de sentiment. Ce qui leur assure ce consentement général est que les véritables Maximes ne peuvent pas être l'ouvrage des hommes, elles sont l'expression des loix naturelles instituées par Dieu même, ou elles ne sont pas Maximes. *Dans celles qu'on va lire il y en a plusieurs qui paraîtront au premier coup-d'œil n'être que des conséquences nécessaires de celles qui les précedent. Il sera cependant aisé de remarquer, que l'on ne pourrait en retrancher aucune sans altérer la perfection de cette espece de Code économique. Et si l'on essaie au contraire d'y ajouter, on sera surpris, par la difficulté qu'on y trouvera, de voir à quel* *petit nombre de propositions se réduisent les loix fondamentales du bonheur des sociétés & de la puissance des Souverains* (*).

(*) Les Maximes que je remets aujourd'hui sous les yeux du public & leurs Notes ont été imprimées pour la premiere fois, avec le Tableau économique, au Château de Versailles dans le mois de Décembre 1758. Les mêmes Maximes ont été réimprimées environ deux ans après, & la plûpart des Notes fondues, dans l'Explication du Tableau économique donnée à la fin de l'Ami des hommes par M. *le Marquis de M****, qui depuis a encore cité les Maximes en entier, mais sans les Notes, dans son immense & profond Ouvrage intitulé la *Philosophie rurale*, qui est un développement très riche & très étendu du Tableau économique.

MAXIMES GÉNÉRALES DU GOUVERNEMENT ÉCONOMIQUE D'UN ROYAUME AGRICOLE.

MAXIME PREMIERE.

QUE *l'autorité souveraine soit unique, & supérieure à tous les individus de la société & à toutes les entreprises injustes des intérêts particuliers ;* car l'objet de la domination & de l'obéissance est la sûreté de tous, & l'intérêt licite de tous. Le systême des contreforces dans un Gouvernement est une opinion funeste, qui ne laisse appercevoir que la discorde entre les Grands & l'accablement des Petits.

La diviſion des ſociétés en différens ordres de Citoyens dont les uns exercent l'autorité ſouveraine ſur les autres, détruit l'intérêt général de la Nation, & introduit la diſſenſion des intérêts particuliers entre les différentes claſſes de Citoyens : cette diviſion intervertiroit l'ordre du Gouvernement d'un Royaume agricole qui doit réunir tous les intérêts à un objet capital, à la proſpérité de l'agriculture, qui eſt la ſource de toutes les richeſſes de l'Etat & de celles de tous les Citoyens.

II.

QUE la Nation ſoit inſtruite des loix générales de l'ordre naturel qui conſtituent le Gouvernement évidemment le plus parfait. L'étude de la Juriſprudence humaine ne ſuffit pas pour former les hommes d'Etat; il eſt néceſſaire que ceux qui ſe deſtinent aux emplois de l'adminiſtration ſoient aſſujettis à l'étude de l'ordre naturel le plus avantageux aux hommes réunis en ſociété. Il eſt encore néceſſaire que les connoiſſances pratiques & lumineuſes que la Nation acquiert par l'expérience & la réflexion, ſe réuniſſent à la ſcience générale du Gouvernement; afin que l'autorité ſouveraine, toujours éclairée par l'évidence, inſtitue les meilleures loix & les faſſe obſerver exactement pour la ſûreté de tous, & pour parvenir à la plus grande proſpérité poſſible de la ſociété.

III.

QUE le Souverain & la Nation ne perdent jamais de vue, que la terre eſt l'unique ſource des richeſſes, & que c'eſt l'agriculture qui les multiplie (1). Car l'augmentation des richeſſes aſſure celle de la population; les hommes & les richeſſes font proſpérer l'agriculture, étendent le commerce, animent l'induſtrie, accroiſſent & perpétuent les richeſſes. De cette ſource abondante dépend le ſuccès de toutes les parties de l'adminiſtration du Royaume.

IV.

QUE la propriété des biens fonds & des richesses mobiliaires soit assurée à ceux qui en sont les possesseurs légitimes ; car **LA SURETÉ DE LA PROPRIÉTÉ EST LE FONDEMENT ESSENTIEL DE L'ORDRE ÉCONOMIQUE DE LA SOCIÉTÉ.** Sans la certitude de la propriété le territoire resteroit inculte. Il n'y auroit ni propriétaires ni fermiers pour y faire les dépenses nécessaires pour le mettre en valeur & pour le cultiver, si la conservation du fonds & des produits n'étoit pas assurée à ceux qui font les avances de ces dépenses. C'est la sûreté de la possession permanente qui provoque le travail & l'emploi des richesses à l'amélioration & à la culture des terres, & aux entreprises du commerce & de l'industrie. Il n'y a que la Puissance Souveraine qui assure la propriété des Sujets, qui ait un droit primitif au partage des fruits de la terre, source unique des richesses.

V.

QUE l'impôt ne ſoit pas deſtructif, ou diſproportionné à la maſſe du revenu de la Nation ; que ſon augmentation ſuive l'augmentation du revenu ; qu'il ſoit établi immédiatement ſur le produit net des biens fonds, & non ſur le ſalaire des hommes, ni ſur les denrées, où il multiplieroit les frais de perception, préjudicieroit au commerce, & détruiroit annuellement une partie des richeſſes de la Nation. Qu'il ne ſe prenne pas non plus ſur les richeſſes des fermiers des biens fonds ; car LES AVANCES DE L'AGRICULTURE D'UN ROYAUME DOIVENT ÊTRE ENVISAGÉES COMME UN IMMEUBLE, QU'IL FAUT CONSERVER PRÉCIEUSEMENT POUR LA PRODUCTION DE L'IMPÔT, DU REVENU, ET DE LA SUBSISTANCE DE TOUTES LES CLASSES DE CITOYENS : autrement l'impôt dégénére en ſpoliation, & cauſe un dépériſſement qui ruine promptement un Etat (2).

V I.

QUE les avances des cultivateurs ſoient ſuffiſantes pour faire renaître annuellement par les dépenſes de la culture des terres le plus grand produit poſſible ; car ſi les avances ne ſont pas ſuffiſantes, les dépenſes de la culture ſont plus grandes à proportion & donnent moins de produit net (3).

V I I.

QUE la totalité des ſommes du revenu rentre dans la circulation annuelle & la parcourre dans toute ſon étendue ; qu'il ne ſe forme point de fortunes pécuniaires, ou du moins, qu'il y ait compenſation entre celles qui ſe forment & celles qui reviennent dans la circulation (4) ; car autrement ces fortunes pécuniaires arrêteroient la diſtribution d'une partie du revenu annuel de la Nation, & retiendroient le pécule du Royaume au préjudice de la rentrée des avances de la culture, de la rétribution du ſalaire des artiſans,

& de la consommation que doivent faire les différentes classes d'hommes qui exercent des professions lucratives : cette interception du pécule diminueroit la réproduction des revenus & de l'impôt.

VIII.

QUE le Gouvernement économique ne s'occupe qu'à favoriser les dépenses productives & le commerce des denrées du crû, & qu'il laisse aller d'elles-mêmes les dépenses stériles (5).

IX.

QU'UNE Nation qui a un grand territoire à cultiver & la facilité d'exercer un grand commerce des denrées du crû, n'étende pas trop l'emploi de l'argent & des hommes aux manufactures & au commerce de luxe, au préjudice des travaux & des dépenses de l'agriculture (6) : car préférablement à tout, *LE ROYAUME DOIT ÊTRE BIEN PEUPLÉ DE RICHES CULTIVATEURS* (7).

X.

QU'UNE partie de la somme des revenus ne passe pas chez l'Etranger sans retour, en argent ou en marchandises.

X I.

QU'ON évite la désertion des habitans qui emporteroient leurs richesses hors du Royaume.

X I I.

QUE les enfans des riches fermiers s'établissent dans les campagnes pour y perpétuer les laboureurs; car si quelques vexations leur font abandonner les campagnes & les déterminent à se retirer dans les villes, ils y portent les richesses de leurs peres qui étoient employées à la culture. CE SONT MOINS LES HOMMES QUE LES RICHESSES QU'ON DOIT ATTIRER DANS LES CAMPAGNES; car plus on emploie de richesses à la culture moins elle occupe d'hommes, plus

plus elle prospere, & plus elle donne de revenu. Telle est, par exemple, pour les grains, la grande culture des riches fermiers, en comparaison de la petite culture des pauvres métayers qui labourent avec des bœufs ou avec des vaches (8).

XIII.

QUE chacun soit libre de cultiver dans son champ telles productions que son intérêt, ses facultés, la nature du terrein lui suggerent pour en tirer le plus grand produit possible. On ne doit point favoriser le monopole dans la culture des biens fonds; car il est préjudiciable au revenu général de la Nation (9). Le préjugé qui porte à favoriser l'abondance des denrées de premier besoin, préférablement aux autres productions, au préjudice de la valeur vénale des unes ou des autres, est inspiré par des vues courtes qui ne s'étendent pas jusqu'aux effets du commerce extérieur réciproque, qui pourvoit à tout, &

qui décide du prix des denrées que chaque Nation peut cultiver avec le plus de profit. APRÈS LES RICHESSES D'EXPLOITATION DE LA CULTURE, CE SONT LES REVENUS ET L'IMPÔT QUI SONT LES RICHESSES DE PREMIER BESOIN dans un Etat, pour défendre les Sujets contre la disette & contre l'ennemi, & pour soutenir la gloire & la puissance du Monarque, & la prospérité de la Nation (10).

XIV.

QU'ON favorise la multiplication des bestiaux (11); car ce sont eux qui fournissent aux terres les engrais qui procurent les riches moissons.

XV.

QUE les terres employées à la culture des grains soient réunies, autant qu'il est possible, en grandes fermes exploitées par de riches laboureurs; car il y a moins de dépense pour l'entretien & la réparation des bâtimens, & à proportion beaucoup moins de frais, & beaucoup plus de produit net dans les grandes entreprises d'agriculture, que dans les petites. La multiplicité de petits fermiers est préjudiciable à la population. La population la plus assurée, la plus disponible pour les différentes occupations & pour les différents travaux qui partagent les hommes en différentes classes, est celle qui est entretenue par le produit net. Toute épargne faite à profit dans les travaux qui peuvent s'exécuter par le moyen des animaux, des machines, des rivieres, &c. revient à l'avantage de la population & de l'État, parceque plus de produit net procure plus de gain aux hommes pour d'autres services ou d'autres travaux.

XVI.

Que l'on n'empêche point le commerce extérieur des denrées du crû; car *TEL EST LE DÉBIT, TELLE EST LA RÉPRODUCTION* (12).

XVII.

QUE l'on facilite les débouchés & les transports des productions & des marchandises de main d'œuvre, par la réparation des chemins, & par la navigation des canaux, des rivieres & de la mer; car plus on épargne sur les frais du commerce, plus on accroît le revenu du territoire.

XVIII.

QU'ON ne fasse point baisser le prix des denrées & des marchandises dans le Royaume; car le commerce réciproque avec l'Étranger deviendroit désavantageux à la Nation (13). *TELLE EST LA VALEUR VÉNALE, TEL EST LE REVENU : abondance & non valeur n'est pas richesse. Disette & cherté est misere. Abondance & cherté est opulence* (14).

XIX.

QU'ON ne croie pas que le bon marché des

denrées est profitable au menu peuple (15); car le bas prix des denrées fait baisser le salaire des gens du Peuple, diminue leur aisance, leur procure moins de travail & d'occupations lucratives, & anéantit le revenu de la Nation.

X X.

Qu'on ne diminue pas l'aisance des dernieres classes de Citoyens; car elles ne pourroient pas assez contribuer à la consommation des denrées qui ne peuvent être consommées que dans le pays, ce qui feroit diminuer la réproduction & le revenu de la Nation (16).

X X I.

Que les propriétaires, & ceux qui exercent des professions lucratives, ne se livrent pas à des épargnes stériles, qui retrancheroient de la circulation & de la distribution une portion de leurs revenus ou de leurs gains.

X X I I.

Qu'on ne provoque point le luxe de

décoration au préjudice des dépenses d'exploitation & d'amélioration de l'agriculture, & des dépenses en consommation de subsistance, qui entretiennent le bon prix & le débit des denrées du crû, & la réproduction des revenus de la Nation (17).

XXIII.

QUE la Nation ne souffre pas de perte dans son commerce réciproque avec l'Étranger ; quand même ce commerce seroit profitable aux Commerçans qui gagneroient sur leurs Concitoyens dans la vente des marchandises qu'il rapporteroit. Car alors l'accroissement de fortune de ces Commerçans feroit dans la circulation des revenus un retranchement préjudiciable à la distribution & à la réproduction.

XXIV.

QU'ON ne soit pas trompé par un avantage apparent du commerce réciproque avec l'Etranger, en jugeant simplement par la balance des ſommes en argent, ſans examiner le plus ou le moins de profit qui réſulte des marchandiſes mêmes que l'on a vendues, & de celles que l'on a achetées. Car ſouvent la perte eſt pour la Nation qui reçoit un ſurplus en argent; & cette perte ſe trouve au préjudice de la diſtribution & de la réproduction des revenus.

X X V.

Qu'on maintienne l'entiere liberté du commerce; car LA POLICE DU COMMERCE INTÉRIEUR ET EXTÉRIEUR LA PLUS SURE, LA PLUS EXACTE, LA PLUS PROFITABLE A LA NATION ET A L'ÉTAT, CONSISTE DANS LA PLEINE LIBERTÉ DE LA CONCURRENCE.

X X V I.

Qu'on ſoit moins attentif à l'augmentation de la population qu'à l'accroiſſement des revenus; car plus d'aiſance que procurent de grands revenus, eſt préférable à plus de beſoins preſſans de ſubſiſtance qu'exige une population qui excede les revenus ; & il y a plus de ressources pour les besoins de l'État quand le peuple est dans l'aisance, & aussi plus de moyens pour faire prospérer l'agriculture (18).

XXVII.

QUE le Gouvernement soit moins occupé du soin d'épargner, que des opérations nécessaires pour la prospérité du Royaume ; car de très grandes dépenses peuvent cesser d'être excessives par l'augmentation des richesses. Mais il ne faut pas confondre les abus avec les simples dépenses ; car les abus pourroient engloutir toutes les richesses de la Nation & du Souverain.

XXVIII.

QUE l'administration des Finances, soit dans la perception des impôts, soit dans les dépenses du Gouvernement, n'occasionne pas de fortunes pécuniaires qui dérobent une partie des revenus à la circulation, à la distribution & à la réproduction.

XXIX.

QU'ON n'espere de ressources pour les besoins extraordinaires d'un Etat, que de la prospérité de la Nation, & non du crédit des Financiers; car ***LES FORTUNES PECUNIAIRES SONT DES RICHESSES CLANDESTINES QUI NE CONNOISSENT NI ROI NI PATRIE.***

XXX.

QUE l'Etat évite des emprunts qui forment des rentes financieres, qui le chargent de dettes dévorantes, & qui occasionnent un commerce ou trafic de Finances, par l'entremise des papiers commerçables, où l'escompte augmente de plus en plus les fortunes pécuniaires stériles. Ces fortunes séparent la Finance de l'agriculture, & privent les campagnes des richesses nécessaires pour l'amélioration des biens fonds & pour l'exploitation de la culture des terres.

Fin des Maximes générales.

NOTES
SUR LES MAXIMES.

NOTE SUR LA MAXIME III. p. 107.

(*La terre est l'unique source des richesses & c'est l'agriculture qui les multiplie.*)

Le commerce réciproque avec l'Etranger rapporte des marchandises qui sont payées par les revenus de la Nation en argent ou en échange ; ainsi, dans le détail des revenus d'un Royaume, il n'en faut pas faire un objet à part qui formeroit un double emploi. Il faut penser de même des loyers de maisons & des rentes d'intérêts d'argent ; car ce sont, pour ceux qui les payent, des dépenses qui se tirent d'une autre source, excepté les rentes placées sur les terres, qui sont assignées sur un fond productif ; mais ces rentes sont comprises dans le produit du revenu des terres. Ainsi ce sont les terres & les avances des Entrepreneurs de la culture, qui sont la source unique des revenus des Nations agricoles.

NOTE SUR LA MAXIME V. page 109.

(*Que l'impôt ne ſoit pas deſtructif, &c.*)

L'IMPÔT bien ordonné, c'eſt-à-dire, l'impôt qui ne dégénere pas en ſpoliation par une mauvaiſe forme d'impoſition, doit être regardé comme une partie du revenu détachée du produit net des biens fonds d'une Nation agricole; car autrement il n'auroit aucune régle de proportion avec les richeſſes de la Nation, ni avec le revenu, ni avec l'état des Sujets contribuables; il pourroit inſenſiblement tout ruiner avant que le Miniſtère s'en apperçût.

Le produit net des biens fonds ſe diſtribue à trois Propriétaires, à l'Etat, aux Poſſeſſeurs des terres & aux Décimateurs. Il n'y a que la portion du Poſſeſſeur du bien qui ſoit aliénable, & elle ne ſe vend qu'à raiſon du revenu qu'elle produit. La propriété du Poſſeſſeur ne s'étend donc pas au-delà. Ce n'eſt donc pas lui qui paye les autres Propriétaires qui ont part au bien, puiſque leurs parts ne lui appartiennent pas, qu'il ne les a pas acquiſes, & qu'elles ne ſont pas aliénables. Le Poſſeſſeur du bien ne doit donc pas regarder l'impôt ordinaire comme une charge établie ſur ſa portion; car ce n'eſt pas lui qui paye ce revenu, c'eſt la partie du bien qu'il n'a pas acquiſe, & qui ne lui appartient pas qui le paye à qui il eſt dû. Et ce n'est que dans les cas de nécessité, dans les cas où la sûreté de la propriété seroit exposée, que tous les Propriétaires doivent pour leur propre intérêt contribuer sur leurs portions à la subvention passagere que les besoins pressans de l'Etat peuvent exiger.

Mais il ne faut pas oublier que dans tous les cas l'imposition du tribut ne doit porter que sur le revenu, c'est-à-dire, sur le produit net annuel des biens fonds; & non sur les avances des Laboureurs, ni sur les hommes de travail, ni sur la vente des marchandises : car autrement il seroit destructif. Sur les avances des Laboureurs ce ne seroit pas un impôt, mais une spoliation qui éteindroit la réproduction, détérioreroit les terres, ruineroit les Fermiers, les Propriétaires & l'Etat. Sur le salaire des hommes de travail & sur la vente des marchandises, il seroit arbitraire, les frais de perception surpasseroient l'impôt, & retomberoient sans régle sur les revenus de la Nation & sur ceux du Souverain. Il faut distinguer ici l'imposition d'avec l'impôt; l'imposition seroit le triple de l'impôt, & s'étendroit sur l'impôt même; car dans toutes les dépenses de l'Etat, les taxes imposées sur les marchandises, seroient payées par l'impôt. Ainsi cet impôt seroit trompeur & ruineux.

L'imposition sur les hommes de travail qui vivent de leur salaire, n'est, rigoureusement parlant, qu'une imposition sur le travail, qui est payée par ceux qui employent les ouvriers : de même qu'une imposition sur les chevaux qui labourent la terre ne seroit réellement qu'une imposition sur les dépenses mêmes de la culture. Ainsi l'imposition sur les hommes, & non sur le revenu, porteroit sur les frais mêmes de l'industrie & de l'agriculture, retomberoit doublement en perte sur le revenu des biens fonds, & conduiroit rapidemenr à la destruction de l'impôt. On doit penser de même des taxes qu'on imposeroit sur les marchandises ; car elles tomberoient aussi en pure perte sur le revenu, sur l'impôt & sur les dépenses de la culture, & exigeroient des frais immenses qu'il seroit impossible d'éviter dans un grand Etat.

Cependant ce genre d'imposition est forcément la ressource des petits Etats Maritimes, qui subsistent par un commerce de trafic, nécessairement assujetti à l'impôt dans ces Etats qui n'ont point de territoire. Et il est encore presque toujours regardé comme une ressource momentanée dans les grands Etats lorsque l'agriculture y est tombée dans un tel dépérissement que le revenu du territoire ne pourroit plus subvenir au payement de l'impôt. Mais alors cette ressource insidieuse est une surcharge qui réduit le peuple à une épargne forcée sur la consommation, qui arrête le travail, qui éteint la réproduction, & qui acheve de ruiner les Sujets & le Souverain.

On a ſouvent parlé de l'établiſſement de l'impôt payé en nature par la récolte en forme de dixme : ce genre d'impoſition ſeroit à la vérité proportionnel au produit total de la récolte, les frais compris ; mais il n'auroit aucun rapport avec le produit net : plus la terre ſeroit médiocre, & plus la récolte ſeroit foible, plus il ſeroit onéreux, injuſte & déſaſtreux.

L'impôt doit donc être pris immédiatement ſur le produit net des biens fonds : car de quelque maniere qu'il ſoit impoſé dans un Royaume qui tire ſes richeſſes de ſon territoire, il eſt toujours payé par les biens fonds. Ainſi la forme d'impoſition la plus ſimple, la plus réglée, la plus profitable à l'Etat, & la moins onéreuſe aux Contribuables, eſt celle qui eſt établie proportionnellement au produit net & immédiatement à la ſource des richeſſes continuellement renaiſſantes.

L'établiſſement ſimple de l'impoſition à la ſource des revenus, c'eſt-à-dire, ſur le produit net des terres qui forme le revenu de la Nation, devient fort difficile dans un Royaume où, faute d'avances, l'agriculture eſt tombée en ruine ; ou du moins dans une telle dégradation, qu'elle ne peut ſe prêter à aucun Cadaſtre fixe & proportionné aux qualités des terres qui ſont mal cultivées, & dont le produit, devenu très foible, n'eſt qu'en raiſon de l'état miſerable de la culture ; car l'amélioration de la culture, qui pourroit résulter d'une meilleure administration, rendroit aussi-tôt le Cadastre très irrégulier.

Une imposition établie également sur les terres, sur leurs produits, sur les hommes, sur leur travail, sur les marchandises & sur les animaux de service, présenteroit une gradation de six impositions égales, posées les unes sur les autres, portant toutes sur une même base, & néanmoins payées chacune à part, mais qui toutes ensemble fourniroient beaucoup moins de revenu au Souverain qu'un simple impôt réel, établi uniquement & sans frais sur le produit net, & égal dans sa proportion à celle des six impositions qu'on pourroit regarder comme réelle. Cet impôt indiqué par l'ordre naturel & qui augmenteroit beaucoup le revenu du Souverain coûteroit cependant cinq fois moins à la Nation & à l'Etat que les six impositions ainsi répétées, lesquelles anéantiroient tous les produits du territoire & sembleroient exclure tout moyen de rentrer dans l'ordre. Car les impositions illusoires pour le Souverain & ruineuses pour la Nation paroissent aux esprits vulgaires, de plus en plus inévitables à mesure que le dépérissement de l'agriculture augmente.

Cependant il faut au moins commencer par supprimer au plutôt les impositions arbitraires établies sur les Fermiers des terres ; sans quoi ce genre d'imposition ruineuse acheveroit d'anéantir entierement les revenus du Royaume. L'imposition

ſition ſur les biens fonds la plus difficile à régler eſt celle qui s'établit ſur la petite culture, où il n'y a pas de fermage qui puiſſe ſervir de meſure, où c'eſt le Propriétaire même qui fournit les avances, & où le produit net eſt très foible & fort incertain. Cette culture qui s'exécute par des Métayers dans les pays où l'impôt a détruit les Fermiers, & qui eſt la derniere reſſource de l'agriculture ruinée, exige beaucoup de ménagement ; car un impôt un peu onéreux enleve ſes avances & l'anéantit entierement. Il faut donc bien diſtinguer les terres réduites à cette petite culture, & qui à proportion du produit ſont labourées à grands frais & ſouvent ſans aucun profit, d'avec celles où la grande culture s'exécute par de riches Fermiers, leſquels aſſurent aux Propriétaires un revenu déterminé qui peut ſervir de régle exacte pour une impoſition proportionnelle. Impoſition qui doit être payée par le Propriétaire, & non par le Fermier, ſi ce n'eſt en déduction du fermage, comme cela arrive naturellement lorſque le Fermier eſt inſtruit avant de paſſer ſon bail de la quotité de l'impôt. Si les beſoins de l'Etat y néceſſitent des augmentations, elles doivent être uniquement à la charge des Propriétaires ; car le Gouvernement ſeroit en contradiction avec lui-même s'il exigeoit que les Fermiers rempliſſent les engagemens de leurs baux, tandis que par l'impôt imprévu dont il les chargeroit il les mettroit dans l'impossibilité de satisfaire à ces engagemens. Dans tous les cas le payement de l'impôt doit être garanti par la valeur même des biens fonds, & non par celle des richesses d'exploitation de la culture, qui ne peuvent sans déprédation être assujetties à aucun service public, autre que celui de faire renaître les richesses de la Nation & du Souverain, & qui ne doivent jamais être détournées de cet emploi naturel & nécessaire. Les Propriétaires, fixés à cette régle par le Gouvernement, seroient attentifs, pour la sûreté de leur revenu & de l'impôt, à n'affermer leurs terres qu'à de riches Fermiers; cette précaution assureroit le succès de l'agriculture. Les Fermiers n'ayant plus d'inquiétude sur l'imposition pendant le cours de leurs baux se multiplieroient; la petite culture disparoitroit successivement; les revenus des Propriétaires & l'impôt s'accroîtroient à proportion par l'augmentation des produits des biens fonds cultivés par de riches Laboureurs.

Il y a eu une Nation qui a su affermir sa puissance & assurer sa prospérité en exemptant la charrue de toute imposition. Les Propriétaires, chargés eux-mêmes de l'impôt, souffrent dans les tems de guerre des subventions passageres; mais les travaux de la culture des terres n'en sont point ralentis, & le débit & la valeur vénale des biens fonds sont toujours assurés par la liberté du commerce des denrées du crû. Aussi chez cette Nation l'agriculture & la multiplication des bestiaux ne souffrent aucune dégradation pendant les guerres les plus longues & les plus dispendieuses : les Propriétaires retrouvent à la paix leurs terres bien cultivées & bien entretenues ; & leurs grands revenus bien maintenus & bien assurés. Il est aisé par-là d'appercevoir la différence qu'il y a entre un impôt exorbitant & un impôt spoliatif ; car par la forme de l'imposition, un impôt peut être spoliatif sans être exorbitant, ou peut être exorbitant sans être spoliatif.

NOTE SUR LA MAXIME VI. page 110.

(Que les avances de la culture soient suffisantes.)

Il faut remarquer que les terres les plus fertiles seroient nulles sans les richesses nécessaires pour subvenir aux dépenses de la culture, & que la dégradation de l'agriculture dans un Royaume ne doit pas être imputée à la paresse des hommes ; mais à leur indigence. Si les avances de la culture ne donnoient que peu de produit net, par erreur de Gouvernement, il y auroit de grands frais, peu de revenu, & une population qui ne seroit presque qu'en menu peuple, occupé dans les campagnes, sans profit pour l'Etat, à une mauvaise culture, qui le feroit subsister misérablement.

Autrefois dans *tel* Royaume les avances annuelles ne faisoient renaître de produit net, du fort au foible, l'impôt sur le Laboureur compris, qu'environ *vingt-cinq* pour *cent*, qui se distribuoient à la dixme, à l'impôt, & au Propriétaire : distraction faite des reprises annuelles du Laboureur. Si les avances primitives avoient été suffisantes, la culture auroit pu y rendre aisément *cent* de produit net & même davantage pour *cent* d'avances annuelles. Ainsi la Nation souffroit un *deficit* des quatre cinquiemes au moins sur le produit net de ses avances annuelles, sans compter la perte sur l'emploi & le revenu des terres qui suppléoient elles-mêmes aux frais d'une pauvre culture, & qu'on laissoit en friche alternativement pendant plusieurs années pour les réparer, & les remettre en état de produire un peu de récolte. Alors la plus grande partie des habitans étoit dans la misere, & sans profit pour l'Etat. Car *tel est le produit net des avances au-delà des dépenses; tel est aussi le produit net du travail des hommes qui le font naître : & tel est le produit net des biens fonds, tel est le produit net pour le revenu, pour l'impôt & pour la subsistance des différentes classes d'hommes d'une Nation.* Ainsi plus les avances sont insuffisantes, moins les hommes & les terres sont profitables à l'Etat. Les Colons qui subsistent misérablement d'une culture ingrate, ne servent qu'à entretenir infructueusement la population d'une pauvre Nation.

L'impôt dans ce Royaume étoit presque tout établi arbitrairement sur les Fermiers, sur les Ouvriers & sur les marchandises. Ainsi il portoit directement & indirectement sur les avances des dépenses de la culture, ce qui chargeoit les biens fonds d'environ trois cents millions pour l'impôt ordinaire, & autant pour la régie, les frais de perception, &c. Et les produits du sol ne rendoient plus à la Nation, dans les derniers tems, à en juger par le dépouillement de la taxe d'un dixieme sur les fonds productifs, & par l'examen du produit des terres, qu'environ quatre cents millions de revenu net, y compris la dixme & les autres revenus ecclésiastiques : triste produit d'un grand & excellent territoire, & d'une grande & laborieuse population ! L'exportation des grains étoit défendue ; la production étoit bornée à la consommation de la Nation ; la moitié des terres restoient en friches, on défendoit d'y planter des vignes ; le commerce intérieur des grains étoit livré à une police arbitraire, le débit étoit continuellement interrompu entre les provinces ; & la valeur vénale des denrées toujours incertaine.

Les avances des dépenses productives étoient enlevées successivement par l'impôt arbitraire & par les charges indirectes, à l'anéantissement de la réproduction & de l'impôt même ; les enfans des Laboureurs abandonnoient les campagnes ; le sur-faix de l'impôt sur les denrées en haussoit le prix naturel, & ajoutoit un surcroit de prix onéreux aux marchandises & aux frais de salaire dans les dépenses de la Nation ; ce qui retomboit encore en déchet sur les reprises des Fermiers, sur le produit net des biens fonds, & sur l'impôt, sur la culture, &c. La spoliation, causée par la partie de l'impôt arbitraire établie sur les Fermiers, causoit d'ailleurs un dépérissement progressif, qui, joint au défaut de liberté de commerce, faisoit tomber les terres en petite culture & en friche. C'étoit à ce dégré de décadence où les dépenses de la culture ne produisoient plus, l'impôt territorial compris, que 25 pour cent, ce qui n'étoit même dû qu'au bénéfice de la grande culture qui existoit encore pour un quart dans le Royaume (*). On ne suivra pas ici la marche rapide des progrès de cette décadence, il suffit de calculer les effets de tant de causes destructives, procédant les unes des autres, pour en prévoir les conséquences funestes.

(*) Voyez dans l'*Encyclopédie*, article GRAINS, l'exemple d'une Nation qui perd annuellement les quatre cinquiemes du produit de sa culture.

Tous ces désordres & tous ces abus ont été reconnus ; & la gloire de les réparer étoit réservée à un Ministere plus éclairé. Mais les besoins de l'Etat & les circonstances ne se prêtent pas toujours aux vûes que l'on se propose pour les réformes que peut exiger une bonne administration dans l'économie politique, quoique ces réformes soient très essentielles & très pressantes pour l'avantage commun du Souverain & de la Nation.

NOTE SUR LA MAXIME VII. page 110.

(*Les fortunes qui rentrent dans la circulation.*)

ON ne doit pas entendre simplement par les fortunes qui rentrent dans la circulation, les fortunes qui se détruisent ; mais aussi les fortunes stériles ou oisives, qui deviennent actives, & qui sont employées, par exemple, à former les avances des grandes entreprises d'agriculture, de commerce & de manufactures profitables, ou à améliorer des biens fonds dont les revenus rentrent annuellement dans la circulation. C'est même par ces fortunes actives bien établies, qu'un Etat a de la consistance, qu'il a de grandes richesses assurées pour faire renaître annuellement de grandes richesses, pour entretenir une population dans l'aisance, & pour assurer la prospérité de l'Etat & la puissance du Souverain. Mais on ne doit pas penser de même des fortunes pécuniaires qui se tirent des intérêts de l'argent, & qui ne sont pas établies sur des fonds productifs, ni de celles qui sont employées à des acquisitions de charges inutiles, de privileges, &c.; leur circulation stérile ne les empêche point d'être des fortunes rongeantes & onéreuses à la Nation.

NOTE SUR LA MAXIME VIII. pag. 111.

(Laisser aller d'elles-mêmes les dépenses stériles.)

LES travaux des marchandises de main-d'œuvre & d'industrie pour l'usage de la Nation ne sont qu'un objet dispendieux & non une source de revenu. Ils ne peuvent procurer de profit dans la vente à l'Etranger, qu'aux seuls pays où la main-d'œuvre est à bon marché par le bas prix des denrées qui servent à la subsistance des Ouvriers; condition fort désavantageuse au produit des biens fonds : aussi ne doit-elle pas exister dans les Etats qui ont la liberté & la facilité d'un commerce extérieur qui soutient le débit & le prix des denrées du crû, & qui heureusement détruit le petit profit qu'on pourroit retirer d'un commerce extérieur de marchandises de main-d'œuvre dont le gain seroit établi sur la perte qui résulteroit du bas prix des productions des biens fonds. On ne confond pas ici le produit net ou le revenu pour la Nation, avec le gain des Commerçans

& Entrepreneurs de Manufactures ; ce gain doit être mis au rang des frais par rapport à la Nation : il ne suffiroit pas, par exemple, d'avoir de riches Laboureurs, si le territoire qu'ils cultiveroient, ne produisoit que pour eux.

Il y a des Royaumes pauvres où la plûpart des Manufactures de luxe trop multipliées sont soutenues par des privileges exclusifs, & mettent la Nation à contribution par des prohibitions qui lui interdisent l'usage d'autres marchandises de main-d'œuvre. Ces prohibitions toujours préjudiciables à la Nation sont encore plus funestes quand l'esprit de monopole & d'erreur qui les a fait naître les étend jusques sur la culture & le commerce des productions des biens fonds, où la la concurrence la plus active est indispensablement nécessaire pour multiplier les richesses des Nations.

Nous ne parlerons pas ici du commerce de trafic qui est le lot des petits Etats maritimes. Un grand Etat ne doit pas quitter la charue pour devenir voiturier. On n'oubliera jamais qu'un Ministre du dernier siecle, ébloui du commerce des Hollandois & de l'éclat des Manufactures de luxe, a jetté sa patrie dans un tel délire, que l'on ne parloit plus que commerce & argent, sans penser au véritable emploi de l'argent ni au véritable commerce du pays.

Ce Ministre si estimable par ses bonnes intentions, mais trop attaché à ses idées, voulut faire naître les richesses du travail des doigts, au préjudice de la source même des richesses, & dérangea toute la Constitution économique d'une Nation agricole. Le commerce extérieur des grains fut arrêté pour faire vivre le Fabricant à bas prix; le débit du blé dans l'intérieur du Royaume fut livré à une police arbitraire qui interrompoit le commerce entre les provinces. Les Protecteurs de l'industrie, les Magistrats des Villes, pour se procurer des blés à bas prix, ruinoient par un mauvais calcul, leurs Villes & leurs Provinces, en dégradant insensiblement la culture de leurs terres: tout tendoit à la destruction des revenus des biens fonds, des Manufactures, du commerce & de l'industrie, qui, dans une Nation agricole, ne peuvent se soutenir que par les produits du sol; car ce sont ces produits qui fournissent au commerce l'exportation du superflu, & qui payent les revenus aux Propriétaires, & le salaire des hommes employés aux travaux lucratifs. Diverses causes d'émigrations des hommes & des richesses hâterent les progrès de cette destruction.

Les hommes & l'argent furent détournés de l'agriculture, & employés aux Manufactures de soie, de coton, de laines étrangeres, au préjudice des Manufactures de laines du pays & de la multiplication des troupeaux. On provoqua le luxe de décoration qui fit des progrès très rapides. L'administration des Provinces, pressée par les besoins de l'Etat, ne laissoit plus de sûreté dans les campagnes pour l'emploi visible des richesses nécessaires à la réproduction annuelle des richesses ; ce qui fit tomber une grande partie des terres en petite culture, en friches & en non-valeur. Les revenus des Propriétaires des biens fonds furent sacrifiés en pure perte à un commerce mercantile qui ne pouvoit contribuer à l'impôt. L'agriculture dégradée & accablée touchoit à l'impossibilité d'y subvenir ; on l'étendit de plus en plus sur les hommes, sur les alimens, sur le commerce des denrées du crû : il se multiplia en dépenses dans la perception & en déprédations destructives de la réproduction ; & il devint l'objet d'un système de Finance, qui enrichit la Capitale des dépouilles des Provinces. Le trafic de l'argent à intérêt forma un genre principal de revenus fondés en argent & tirés de l'argent ; ce qui n'étoit, par rapport à la Nation, qu'un produit imaginaire ; qui échappoit à l'impôt & minoit l'Etat. Ces revenus établis sur l'argent, & l'aspect de l'opulence, soutenus par la magnificence d'un luxe ruineux, en imposoient au vulgaire, & diminuoient de plus en plus la réproduction des richesses réelles, & le pécule de la Nation. Eh ! malheureusement les causes de ce désordre général ont été trop long-tems ignorées ; *indè mali labes.* Mais aujourd'hui le Gouvernement est attaché à des principes plus lumineux ; il connoît les ressources du Royaumes, & les moyens d'y ramener l'abondance.

NOTE SUR LA MAXIME IX. page 111.

(*Ne pas étendre l'emploi de l'argent & des hommes aux Manufactures & au commerce de luxe, au préjudice des travaux & des dépenses de l'agriculture.*)

ON ne doit s'attacher qu'aux Manufactures de marchandises de main-d'œuvre dont on a les matieres premieres, & qu'on peut fabriquer avec moins de dépense que dans les autres pays ; & il faut acheter de l'Etranger les marchandises de main-d'œuvre qu'il peut vendre à meilleur marché qu'elles ne couteroient à la Nation, si elle les faisoit fabriquer chez elle. Par ces achats on provoque le commerce réciproque : car si on vouloit ne rien acheter, & vendre de tout, on éteindroit le commerce extérieur & les avantages de l'exportation des denrées du crû, qui est infiniment plus profitable que celle des marchandises de main-d'œuvre. Une Nation agricole doit favoriser le commerce extérieur actif des denrées du crû, par le commerce extérieur passif des marchandises de main-d'œuvre qu'elle peut acheter à profit de l'Etranger. Voilà tout le mystère du commerce : à ce prix ne craignons pas d'être *tributaires des autres Nations*.

NOTE SUR LA MEME MAXIME.

(*Préalablement à tout, le Royaume doit être bien peuplé de riches Cultivateurs.*)

LE Bourg de *Goodmans-chester* en Angleterre, est célebre dans l'histoire pour avoir accompagné son Roi avec le cortége le plus honorable, ayant conduit cent quatre-vingts charrues à son passage. Ce faste doit paroître bien ridicule à nos Citadins accoutumés aux décorations frivoles. On voit encore des hommes, stupidement vains, ignorer que ce sont les riches Laboureurs & les riches Commerçans, attachés au commerce rural, qui animent l'agriculture, qui font exécuter, qui commandent, qui gouvernent, qui sont indépendans, qui assurent les revenus de la Nation, qui, après les Propriétaires distingués par la naissance, par les dignités, par les sciences, forment l'ordre de Citoyens le plus honnête, le plus louable & le plus important dans l'Etat.

Ce ſont pourtant ces habitans honorables de la campagne, ces Maîtres, ces Patriarches, ces riches Entrepreneurs d'agriculture, que le Bourgeois ne connoît que ſous le nom dédaigneux de *Payſans*, & auxquels il veut même retrancher les Maîtres d'école qui leur apprennent à lire, à écrire, à mettre de la ſûreté & de l'ordre dans leurs affaires, à étendre leurs connoiſſances ſur les différentes parties de leur état.

Ces inſtructions, dit-on, leur inſpirent de la vanité & les rendent proceſſifs : la défenſe juridique doit-elle être permiſe à ces hommes terreſtres, qui oſent oppoſer de la réſiſtance & de la hauteur à ceux qui, par la dignité de leur ſéjour dans la cité, doivent jouir d'une diſtinction particuliere & d'une ſupériorité qui doit en impoſer aux Villageois. Tels ſont les titres ridicules de la vanité du Citadin, qui n'eſt qu'un mercénaire payé par les richeſſes de la campagne. *Omnium autem rerum ex quibus aliquid acquiritur, nihil eſt* AGRICULTURA *melius, nihil uberius, nihil dulcius, nihil homine libero dignius.* Cicero de Officiis.... *Meâ quidem ſententiâ, haud ſcio an nulla beatior eſſe poſſit, neque ſolùm officio, quod hominum generi univerſo cultura agrorum eſt ſalutaris; ſed & delectatione, & ſaturitate, copiâque omnium rerum quæ ad victum hominum, ad cultum etiam Deorum pertinent*, Idem, de Senectute.

DE TOUS LES MOYENS DE GAGNER DU BIEN, IL N'Y EN A POINT DE MEILLEUR, DE PLUS ABONDANT, DE PLUS AGRÉABLE, DE PLUS CONVENABLE A L'HOMME, DE PLUS DIGNE DE L'HOMME LIBRE, QUE L'AGRICULTURE.... POUR MOI, JE NE SAIS S'IL Y A AUCUNE SORTE DE VIE PLUS HEUREUSE QUE CELLE-LA, NON-SEULEMENT PAR L'UTILITÉ DE CET EMPLOI, QUI FAIT SUBSISTER TOUT LE GENRE HUMAIN, MAIS ENCORE PAR LE PLAISIR ET PAR L'ABONDANCE QU'IL PROCURE; CAR LA CULTURE DE LA TERRE PRODUIT DE TOUT CE QU'ON PEUT DESIRER POUR LA VIE DES HOMMES ET POUR LE CULTE DES DIEUX.

NOTE SUR LA MAXIME XII. page 113.

(*Attirer les richesses dans les campagnes pour étendre la grande & éviter la petite culture.*)

DANS la grande culture, un homme seul conduit une charrue tirée par des chevaux, qui fait autant de travail que trois charrues tirées par des bœufs, & conduites par six hommes. Dans ce dernier cas, faute d'avances primitives pour l'établissement d'une grande culture, la dépense annuelle est excessive par proportion au produit net, qui est presque nul, & on y emploie infructueusement dix ou douze fois plus de terre. Les Propriétaires manquans de Fermiers en état de subvenir à la dépense d'une bonne culture, les avances se font aux dépens de la terre, presque entierement en pure perte; le produit des prés est consommé, pendant l'hiver, par les bœufs de labour, & on leur laisse une partie de la terre, pour leur pâturage pendant l'été; le produit net de la récolte approche si fort de la non-valeur, que la moindre imposition fait renoncer à ces restes de culture, ce qui arrive même en bien des endroits tout simplement par la pauvreté des habitans. On dit qu'il y a une Nation pauvre qui est réduite à cette petite culture dans les trois quarts de son territoire, & qu'il y a d'ailleurs chez cette Nation plus d'un tiers des terres cultivables qui sont en non-valeur. Mais le Gouvernement est occupé à arrêter les progrès de cette dégradation, & à pourvoir aux moyens de la réparer.

NOTE SUR LA MAXIME XIII. page 113.

(*Ne point favoriser le monopole dans la culture, & laisser à chacun la liberté de donner à son champ celle qui lui convient.*)

DES vûes particulieres avoient fait croire pendant

dant un tems qu'il falloit restreindre en France la culture des vignes pour augmenter la culture du blé, dans le tems même où le commerce extérieur du blé étoit prohibé, où la communication même du commerce des grains entre les Provinces du Royaume étoit empêchée, où la plus grande partie des terres étoit en friches, parceque la culture du blé y étoit limitée à la consommation de l'intérieur de chaque Province du Royaume; & où la destruction des vignes augmentoit de plus en plus les friches. Des Provinces éloignées de la capitale étoient d'ailleurs obligées de faire des représentations pour s'opposer à l'accroissement de la culture des grains, qui faute de débit tomboient dans leur pays en non-valeur; ce qui causoit la ruine des Propriétaires & des Fermiers, & anéantissoit l'impôt dont les terres étoient chargées. Tout conspiroit donc à la dégradation des deux principales cultures du Royaume, & à détruire de plus en plus la valeur des biens fonds; une partie des Propriétaires des terres, au préjudice des autres, tendoit au privilége exclusif de la cultûre: funestes effets des prohibitions & des empêchemens du commerce des productions des biens fonds, dans un Royaume où les Provinces se communiquent par les rivieres & les mers, où la Capitale & toutes les autres Villes peuvent être facilement approvisionnées des productions de toutes les parties du territoire, & où la facilité de l'exportation assure le débouché de l'excedent.

La culture des vignes est la plus riche culture du Royaume de France; car le produit net d'un arpent de vignes, évalué du fort au foible, est environ le triple de celui du meilleur arpent de terre cultivé en grains. Encore doit-on remarquer que les frais compris dans le produit total de l'une & de l'autre culture, sont plus avantageux dans la culture des vignes que dans la culture des grains; parceque dans la culture des vignes, les frais fournissent, avec profit, beaucoup plus de salaires pour les hommes, & parceque la dépense pour les échalas & les tonneaux est à l'avantage du débit des bois, & que les hommes occupés à la culture des vignes n'y sont pas employés dans le tems de la moisson, où ils sont alors d'une grande ressource aux Laboureurs pour la récolte des grains. D'ailleurs cette classe d'hommes payés de leurs travaux par la terre, en devenant fort nombreuse, augmente le débit des blés & des vins, & en soutient la valeur vénale à mesure que la culture s'étend & que l'accroissement de la culture augmente les richesses: car l'augmentation des richesses augmente la population dans toutes les classes d'hommes d'une Nation, & cette augmentation de population sourient de toutes parts la valeur vénale des produits de la culture.

On doit faire attention que la facilité du commerce extérieur des denrées du crû délivrées d'impositions onéreuses, est un grand avantage pour une Nation qui a un grand territoire, où elle peut varier la culture pour en obtenir différentes productions de bonne valeur ; sur-tout celles qui ne peuvent pas naître chez les Nations voisines. La vente du vin & des eaux-de-vie à l'Etranger étant pour nous un commerce privilégié, que nous devons à notre territoire & à notre climat, il doit spécialement être protégé par le Gouvernement ; ainsi il ne doit pas être assujetti à des impositions multipliées en pure perte pour l'impôt, & trop préjudiciables au débit des productions qui sont l'objet d'un grand commerce extérieur, capable de soutenir l'opulence du Royaume : l'impôt doit être pur & simple, assigné sur le sol qui produit ces richesses ; & dans la compensation de l'imposition générale, on doit avoir égard à celles dont il faut assurer, par un prix favorable, le débit chez l'Etranger ; car alors l'Etat est bien dédommagé de la modération de l'impôt sur ces parties par l'influence avantageuse de ce commerce sur toutes les autres sources de richesses du Royaume.

SUR LA MÊME MAXIME. page 114.

(*Après les avances de la culture, ce ſont les revenus & l'impôt qui ſont les richeſſes de premier beſoin, & qui aſſurent la proſpérité de la Nation.*)

EN quoi conſiſte la proſpérité d'une Nation agricole ? EN DE GRANDES AVANCES POUR PERPÉTUER ET ACCROÎTRE LES REVENUS ET L'IMPÔT ; EN UN COMMERCE INTÉRIEUR ET EXTÉRIEUR LIBRE ET FACILE ; EN JOUISSANCE DES RICHESSES ANNUELLES DES BIENS FONDS ; EN PAYEMENS PÉCUNIAIRES ET OPULENS DU REVENU ET DE L'IMPÔT. L'abondance des productions s'obtient par les grandes avances ; la conſommation & le commerce ſoutiennent le débit & la valeur vénale des productions ; la valeur vénale eſt la meſure des richeſſes de la Nation ; les richeſſes réglent le tribut qui peut être impoſé, & fourniſſent la Finance qui le paye, & qui doit circuler dans le commerce ; mais qui ne doit point s'accumuler dans un pays au préjudice de l'uſage & de la conſommation des productions annuelles qui doivent y perpétuer, par la réproduction & le commerce réciproque, les véritables richeſſes.

L'argent monnoyé eſt une richeſſe qui eſt

payée par d'autres richesses, *qui est pour les Nations un gage intermédiaire entre les ventes & les achats*, qui ne contribue plus à perpétuer les richesses d'un Etat lorsqu'il est retenu hors de la circulation & qu'il ne rend plus richesse pour richesse : alors plus il s'accumuleroit, plus il couteroit de richesses qui ne se renouvelleroient pas, & plus il appauvriroit la Nation. L'argent n'est donc une richesse active & réellement profitable dans un Etat, qu'autant qu'il rend continuellement richesse pour richesse ; parceque la monnoye n'est par elle-même qu'une richesse stérile, qui n'a d'autre utilité dans une Nation que son emploi pour les ventes & les achats, & pour les payemens des revenus & de l'impôt, qui le remettent dans la circulation ; ensorte que le même argent satisfait tour à tour & continuellement à ces payemens & à son emploi dans le commerce.

Aussi la masse du pécule d'une Nation agricole ne se trouve-t-elle qu'à-peu-près égale au produit net ou revenu annuel des biens fonds ; car dans cette proportion il est plus que suffisant pour l'usage de la Nation ; une plus grande quantité de monnoye ne seroit point une richesse utile pour l'Etat. Quoique l'impôt soit payé en argent, ce n'est pas l'argent qui le fournit, ce sont les richesses du sol qui renaissent annuellement : c'est dans ces richesses renaissantes, & non, comme le pense le vulgaire, dans le pécule de la Nation que consiste la prospérité & la force d'un Etat. On ne supplée point au renouvellement successif de ces richesses par le pécule ; mais le pécule est facilement supplée dans le commerce par des engagemens par écrit, assurés par les richesses que l'on possede dans le pays, & qui se transportent chez l'Etranger. L'avidité de l'argent est une passion vive dans les particuliers, parcequ'ils sont avides de la richesse qui représente les autres richesses ; mais cette sorte d'avidité, qui le soustrait de son emploi, ne doit pas être la passion de l'Etat : la grande quantité d'argent n'est à desirer dans un Etat qu'autant qu'elle est proportionnée au revenu, & qu'elle marque par là une opulence perpétuellement renaissante, dont la jouissance est effective & bien assurée. Telle étoit sous CHARLES V, dit *le Sage*, l'abondance de l'argent qui suivoit l'abondance des autres richesses du Royaume. On peut en juger par celles qui sont détaillées dans l'inventaire immense de ce Prince, indépendamment d'une réserve de 17 millions, (près de 300 millions, valeur actuelle de notre monnoye) qui se trouva dans ses coffres ; ces grandes richesses sont d'autant plus remarquables que les Etats des Rois de France ne comprenoient pas alors un tiers du Royaume.

L'argent n'est donc pas la véritable richesse

d'une Nation, la richesse qui se consomme & qui renaît continuellement; car l'argent n'engendre pas de l'argent. Un écu bien employé peut à la vérité faire naître une richesse de deux écus, mais c'est la production & non pas l'argent qui s'est multipliée, ainsi l'argent ne doit pas séjourner dans des mains stériles. Il n'est donc pas aussi indifférent qu'on le croit pour l'Etat, que l'argent passe dans la poche de Pierre ou de Paul, car il est essentiel qu'il ne soit pas enlevé à celui qui l'emploie au profit de l'Etat. A parler rigoureusement, l'argent qui a cet emploi dans la Nation, n'a point de Propriétaire; il appartient aux besoins de l'Etat, lesquels le font circuler pour la réproduction des richesses qui font subsister la Nation & qui fournissent le tribut au Souverain.

Il ne faut pas confondre cet argent avec la Finance dévorante qui se trafique en prêt à intérêt, & qui élude la contribution que tout revenu annuel doit à l'Etat. L'argent de besoin a, dis-je, chez tous les particuliers une destination à laquelle il appartient décisivement: celui qui est destiné au payement actuel de l'impôt appartient à l'impôt; celui qui est destiné au besoin de quelque achat appartient à ce besoin; celui qui vivifie l'agriculture, le commerce & l'industrie appartient à cet emploi; celui qui est destiné à payer une dette échue ou prête à échoir, appartient à cette dette, &c. & non à celui qui le possede : c'est l'argent de la Nation, personne ne doit le retenir, parcequ'il n'appartient à personne ; cependant c'est cet argent dispersé qui forme la principale masse du pécule d'un Royaume vraiment opulent, où il est toujours employé à profit pour l'Etat. On n'hésite pas même à le vendre au même prix qu'il a couté, c'est-à-dire, à le laisser passer chez l'Etranger pour des achats de marchandises dont a besoin ; & l'Etranger n'ignore pas non plus les avantages de ce commerce où le besoin des échanges décide de l'emploi de l'argent en marchandises & des marchandises en argent ; car l'argent & les marchandises ne sont richesses qu'à raison de leur valeur vénale.

L'argent détourné & retenu hors de la circulation, est un petit objet qui est bientôt épuisé par les emprunts un peu multipliés ; cependant c'est cet argent oisif qui fait illusion au bas peuple ; c'est lui que le vulgaire regarde comme les richesses de la Nation & comme une grande ressource dans les besoins d'un Etat ; même d'un grand Etat qui réellement ne peut être opulent que par le produit net des richesses qui naissent annuellement de son territoire, & qui, pour ainsi dire, fait renaître l'argent en le renouvellant & en accélérant continuellement sa circulation.

D'ailleurs quand un Royaume est riche & florissant par le commerce de ses productions, il a par ses correspondances des richesses dans les autres pays, & le papier lui tient lieu par-tout d'argent. L'abondance & le débit de ses productions lui assurent donc par-tout l'usage du pécule des autres Nations, & jamais l'argent ne manque non plus dans un Royaume bien cultivé, pour payer au Souverain & aux Propriétaires les revenus fournis par le produit net des denrées commerçables, qui renaissent annuellement de la terre : mais quoique l'argent ne manque point pour payer ces revenus, il ne faut pas prendre le change & croire que l'impôt puisse être établi sur la circulation de l'argent (*).

L'argent est une richesse qui se dérobe à la vûe. Le tribut ne peut être imposé qu'à la source des richesses disponibles, toujours renaissantes, ostensibles & commerçables. C'est là que naissent les revenus du Souverain ; & qu'il peut trouver de plus des ressources assurées dans des besoins pressans de l'Etat. Les vûes du Gouvernement ne doivent donc pas s'arrêter à l'argent, elles doivent s'étendre plus loin & se fixer à l'abondance & à la valeur vénale des productions de la terre,

(*) Voyez ce que nous avons dit plus haut sur l'impôt, pag. 124 & suivantes.

pour accroître les revenus. C'est dans cette partie de richesses visibles & annuelles, que consiste la puissance de l'Etat & la prospérité de la Nation : c'est elle qui fixe & qui attache les Sujets au sol. L'argent, l'industrie, le commerce mercantile, & de trafic, ne forment qu'un domaine postiche & indépendant, qui, sans les productions du sol ne constitueroit qu'un Etat republicain : Constantinople même, qui n'en a pas le Gouvernement, mais qui est réduit aux richesses mobiliaires du commerce de trafic, en a, au milieu du despotisme, le génie & l'indépendance dans les correspondances & dans l'état libre de ses richesses de commerce.

NOTE SUR LA MAXIME XIV. page 114.

(*Favoriser la multiplication des bestiaux.*)

CET avantage s'obtient par le débit, par l'emploi & l'usage des laines dans le Royaume, par la grande consommation de la viande, du laitage, du beurre, du fromage, &c. sur-tout par celle que doit faire le menu peuple qui est le plus nombreux : car ce n'est qu'à raison de cette consommation, que les bestiaux ont du débit, & qu'on les multiplie, & c'est l'engrais que les bestiaux fournissent à la terre qui procure d'abondantes recoltes par la multiplication même des bestiaux. Cette abondance de récolte & de bestiaux éloigne toute inquiétude de famine dans un Royaume si fécond en subsistance. La nourriture que les bestiaux y fournissent aux hommes y diminue la consommation du bled, & la Nation peut en vendre une plus grande quantité à l'Etranger, & accroître continuellement ses richesses par le commerce d'une production si précieuse. L'aisance du menu peuple contribue donc par là essentiellement à la prospérité de l'Etat.

Le profit sur les bestiaux se confond avec le profit sur la culture à l'égard du revenu du Propriétaire, parceque le prix du loyer d'une ferme s'établit à raison du produit qu'elle peut donner par la culture & par la nourriture des bestiaux, dans les pays où les avances des Fermiers ne sont pas exposées à être enlevées par un impôt arbitraire. Mais lorsque l'impôt est établi sur le Fermier, le revenu de la terre tombe dans le dépérissement, parceque les Fermiers n'osent faire les avances des achats de bestiaux, dans la crainte que ces bestiaux, qui sont des objets visibles, ne leur attirent une imposition ruineuse. Alors faute d'une quantité suffisante de bestiaux pour fournir les engrais à la terre, la culture dépérit, les frais des travaux en terres maigres absorbent le produit net & détruisent le revenu.

Le profit des bestiaux contribue tellement au produit des biens fonds, que l'un s'obtient par l'autre, & que ces deux parties ne doivent pas être séparées dans l'évaluation des produits de la culture calculée d'après le revenu des Propriétaires; car c'est plus par le moyen des bestiaux qu'on obtient le produit net qui fournit le revenu & l'impôt, que par le travail des hommes qui seul rendroit à peine les frais de leur subsistance. Mais il faut de grandes avances pour les achats des bestiaux, c'est pourquoi le Gouvernement doit plus attirer les richesses à la campagne que les hommes : on n'y manquera pas d'hommes s'il y a des richesses ; mais sans richesses tout y dépérit, les terres tombent en non-valeur, & le Royaume est sans ressource & sans forces.

Il faut donc qu'il y ait une entiere sûreté pour l'emploi visible des richesses à la culture de la terre, & une pleine liberté de commerce des productions. Ce ne sont pas les richesses qui font naître les richesses qui doivent être chargées de l'impôt. D'ailleurs les Fermiers & leurs familles doivent être exempts de toutes charges personnelles auxquelles des habitans riches & nécessaires dans leur emploi ne doivent pas être assujettis, de crainte qu'ils n'emportent dans les Villes les richesses qu'ils employent à l'agriculture, pour y jouir des prérogatives qu'un Gouvernement peu éclairé y accorderoit par prédilection au mercenaire Citadin. Les Bourgeois aisés, sur-tout les Marchands détailleurs qui ne gagnent que sur le Public & dont le trop grand nombre dans les Villes est onéreux à la Nation, ces Bourgeois, dis-je, trouveroient pour leurs enfans dans l'agriculture protégée & honorée, des établissemens plus solides & moins serviles que dans les Villes; leurs richesses ramenées à la campagne fertiliseroient les terres, multiplieroient les richesses & assureroient la prospérité & la puissance de l'Etat.

Il y a une remarque à faire sur les Nobles qui cultivent leurs biens à la campagne; il y en a beaucoup qui n'ont pas en propriété un terrein suffisant pour l'emploi de leurs charrues ou de leurs facultés, & alors il y a de la perte sur leurs dépenses & sur leurs emplois. Seroit-ce déparer la Noblesse que de leur permettre d'affermer des terres pour étendre leur culture & leurs occupations au profit de l'Etat, sur-tout dans un pays où la charge de l'impôt (devenue deshonnête) ne seroit plus établie ni sur les personnes, ni sur les Cultivateurs? Est-il indécent à un Duc & Pair de louer un Hôtel dans une Ville? Le payement d'un fermage n'assujettit à aucune dépendance envers qui que ce soit, pas plus que le payement d'un habit, d'une rente, d'un loyer, &c.; mais de plus on doit remarquer dans l'agriculture que le Possesseur de la terre & le Possesseur des avances de la culture sont tous deux également Propriétaires, & qu'à cet égard la dignité est égale de part & d'autre. Les Nobles en étendant leurs entreprises de culture, contribueroient par cet emploi à la prospérité de l'Etat, & ils y trouveroient des ressources pour soutenir leurs dépenses & celle de leurs enfans dans l'état militaire. De tout tems la Noblesse & l'agriculture ont été réunies. Chez les Nations libres, le fermage des terres, délivré des impositions arbitraires & personnelles, est fort indifférent en lui-même : les redevances attachées aux biens & auxquelles les Nobles mêmes sont assujettis, ont-elles jamais dégradé la Noblesse ni l'agriculture.

NOTE SUR LA MAXIME XVI. page 115.

(*Tel est le débit, telle est la réproduction.*)

SI on arrête le commerce extérieur des grains & des autres productions du crû, on borne l'agriculture à l'état de la population, au lieu d'étendre la population par l'agriculture. La vente des productions du crû à l'Etranger augmente le revenu des biens fonds ; cette augmentation du revenu augmente la dépense des Propriétaires ; cette augmentation de dépenses attire les hommes dans le Royaume ; cette augmentation de population augmente la consommation des productions du crû ; cette augmentation de consommation & la vente à l'Etranger accélerent de part & d'autre les progrès de l'agriculture, de la population & des revenus.

Par la liberté & la facilité du commerce extérieur d'exportation & d'importation, les grains ont constamment un prix plus égal, car le prix le plus égal est celui qui a cours entre les Nations commerçantes. Ce commerce applanit en tout tems l'inégalité annuelle des récoltes des Nations, en apportant tour à tour chez celles qui sont dans la pénurie le superflu de celles qui sont dans l'abondance, ce qui remet par-tout & toujours les productions & les prix à-peu-près au même niveau. C'est pourquoi les Nations commerçantes qui n'ont pas de terres à ensemencer ont leur pain aussi assuré que celles qui cultivent de grands territoires. Le moindre avantage sur le prix dans un pays, y attire la marchandise, & l'égalité se rétablit continuellement.

Or il est démontré qu'indépendamment du débit à l'Etranger, & d'un plus haut prix, la seule égalité constante du prix augmente de plus d'un dixieme le revenu des terres ; qu'elle accroît & assure les avances de la culture ; qu'elle évite les chertés excessives qui diminuent la population ; &

qu'elle empêche les non-valeurs qui font languir l'agriculture. Au lieu que l'interdiction du commerce extérieur est cause que l'on manque souvent du nécessaire ; que la culture qui est trop mesurée aux besoins de la Nation, fait varier les prix autant que les bonnes & mauvaises années font varier les recoltes ; que cette culture limitée laisse une grande partie des terres en non-valeur & sans revenu ; que l'incertitude du débit inquiete les Fermiers, arrête les dépenses de la culture, fait baisser le prix du fermage ; que ce dépérissement s'accroît de plus en plus, à mesure que la Nation souffre d'une précaution insidieuse, qui enfin la ruine entierement.

Si pour ne pas manquer de grains, on s'imaginoit d'en défendre la vente à l'Etranger, & d'empêcher aussi les Commerçans d'en remplir leurs greniers dans les années abondantes qui doivent suppléer aux mauvaises années, d'empêcher, dis-je, de multiplier ces magasins libres, où la concurrence des Commerçans préserve du monopole, procure aux Laboureurs du débit dans l'abondance, & soutient l'abondance dans la stérilité ; il faudroit conclure, des principes d'une administration si craintive & si étrangere à une Nation agricole qui ne peut s'enrichir que par le débit de ses productions, qu'on devroit aussi restreindre autant qu'on le pourroit la consommation

ſommation du bled dans le pays, en y réduiſant la nourriture du menu peuple, aux pommes de terre & au bled noir, aux glands, &c. & qu'il faudroit par une prévoyance ſi déplacée & ſi ruineuſe empêcher le tranſport des blés des Provinces où ils abondent, dans celles qui ſont dans la diſette, & dans celles qui ſont dégarnies. Quels abus ! quels monopoles cette police arbitraire & deſtructive n'occaſionneroit-elle pas ! Que deviendroit la culture des terres, les revenus, l'impôt, le ſalaire des hommes, & les forces de la Nation !

NOTE SUR LA MAXIME XVIII. page 116.

(Le bas prix des denrées du crû rendroit le Commerce déſavantageux à la Nation.)

SI, par exemple, on achete de l'Etranger telle quantité de marchandiſes pour la valeur d'un ſeptier de blé du prix de 20 liv., il en faudroit deux ſeptiers pour payer la même quantité de cette marchandiſe ſi le Gouvernement faiſoit baiſſer le prix du blé à 10 livres.

NOTE SUR LA MÊME MAXIME.

(Telle eſt la valeur vénale, tel eſt le revenu)

ON doit diſtinguer dans un Etat les biens

qui ont une valeur uſuelle, & qui n'ont pas de valeur vénale, d'avec les richeſſes qui ont une valeur uſuelle & une valeur vénale; par exemple, les Sauvages de la Louſianne jouiſſoient de beaucoup de biens, tels ſont l'eau, le bois, le gibier, les fruits de la terre, &c. qui n'étoient pas des richeſſes, parcequ'ils n'avoient pas de valeur vénale. Mais depuis que quelques branches de commerce ſe ſont établies entr'eux & les François, les Anglois, les Eſpagnols, &c. une partie de ces biens a acquis une valeur vénale & eſt devenue richeſſe. Ainſi l'adminiſtration d'un Royaume doit tendre à procurer tout enſemble à la Nation, la plus grande abondance poſſible de productions, & la plus grande valeur vénale poſſible, parcequ'avec de grandes richeſſes elle ſe procure par le commerce toutes les autres choſes dont elle peut avoir beſoin dans la proportion convenable à l'état de ſes richeſſes.

NOTE SUR LA MAXIME XIX. page 117.

(*Le bon marché des denrées n'eſt pas avantageux au petit Peuple.*)

LA cherté du blé, par exemple, pourvu qu'elle ſoit conſtante dans un Royaume agricole, eſt plus avantageuſe au menu peuple, que le bas prix. Le salaire de la journée du Manouvrier s'établit assez naturellement sur le prix du bled, & est ordinairement le vingtieme du prix d'un septier. Sur ce pied si le prix du blé étoit constamment à vingt livres, le Manouvrier gagneroit dans le cours de l'année environ 260 liv., il en dépenseroit en blé pour lui & sa famille 200 liv., & il lui resteroit 60 liv. pour les autres besoins : si au contraire le septier de blé ne valoit que 10 liv. il ne gagneroit que 130 liv., il en dépenseroit 100 liv. en bled, & il ne lui resteroit pour les autres besoins que 30 liv. Aussi voit-on que les Provinces où le blé est cher sont beaucoup plus peuplées que celles où il est à bas prix.

Le même avantage se trouve pour toutes les autres classes d'hommes, pour le gain des Cultivateurs, pour le revenu des Propriétaires, pour l'impôt, pour la prospérité de l'Etat; car alors le produit des terres dédommage largement du surcroît des frais de salaire & de nourriture. Il est aisé de s'en convaincre par le calcul des dépenses & des accroissemens des produits.

NOTE SUR LA MAXIME XX. page 117.

(Qu'on ne diminue pas l'aisance du menu Peuple.

POUR autoriser les vexations sur les habitans de la campagne, les Exacteurs ont avancé pour maxime, qu'il faut que les *Paysans soient pauvres, pour les empêcher d'être paresseux.* Les Bourgeois dédaigneux ont adopté volontiers cette maxime barbare, parcequ'ils sont moins attentifs à d'autres maximes plus décisives, qui sont que l'homme *qui ne peut rien conserver ne travaille précisément que pour gagner de quoi se nourrir ; & qu'en général tout homme qui peut conserver est laborieux, parceque tout homme est avide de richesses.* La véritable cause de la paresse du Paysan opprimé est le trop bas prix du salaire & le peu d'emploi dans les pays où la gêne du commerce des productions fait tomber les denrées en non-valeur, & où d'autres causes ont ruiné l'agriculture. Les vexations, le bas prix des denrées, & un gain insuffisant pour les exciter au travail, les rendent paresseux, braconniers, vagabonds & pillards. La pauvreté forcée n'est donc pas le moyen de rendre les Paysans laborieux : il n'y a que la propriété & la jouissance assurées de leur gain, qui puissent leur donner du courage & de l'activité.

Les Ministres, dirigés par des sentimens d'humanité, par une éducation supérieure, & par des vues plus étendues, rejettent avec indignation les maximes odieuses & destructives qui ne tendent qu'à la dévastation des campagnes ; car ils n'ignorent pas que ce sont les richesses des habitans de la campagne qui font naître les richesses de la Nation. PAUVRES PAYSANS, PAUVRE ROYAUME.

NOTE SUR LA MAXIME XXII. page 118.

(Les grandes dépenses en consommation de subsistance entretiennent le bon prix des denrées & la réproduction des revenus.)

CE que l'on remarque ici, à l'égard des grandes dépenses de consommation des denrées du crû, se rapporte aux Nations agricoles. Mais on doit penser autrement des petites Nations commerçantes qui n'ont pas de territoire; car leur intérêt les oblige d'épargner en tout genre de dépenses pour conserver & accroître le fond des richesses nécessaires à leur commerce, & pour commercer à moins de frais que les autres Nations, afin de pouvoir s'assurer les avantages de la concurrence dans les achats & dans les ventes chez l'Etranger. Ces petites Nations commerçantes doivent être regardées comme les Agens du commerce des grands Etats, parcequ'il est plus avantageux à ceux-ci de commercer par leur entremise que de se charger eux-mêmes de différentes parties de commerce qu'ils exerceroient avec plus de dépenses, & dont ils retireroient moins de profit, qu'en se procurant chez eux une grande concurrence de Commerçans étrangers ; car ce n'est que par la plus grande concurrence possible, permise à tous les Négocians de l'univers, qu'une Nation peut s'assurer le meilleur prix & le débit le plus avantageux possible des productions de son territoire & se préserver du monopole des Commerçans du pays.

NOTE SUR LA MAXIME XXVI. page 119.

(*Etre moins attentif à l'accroissement de la population, qu'à celui des revenus.*)

LE désir qu'ont toutes les Nations d'être puissantes à la guerre, & l'ignorance des moyens de faire la guerre, parmi lesquels le vulgaire n'envisage que les hommes, ont fait penser que la force des Etats consiste dans une grande population. On n'a point assez vu que pour soutenir la guerre il ne falloit pas à beaucoup près une si grande quantité d'hommes qu'on le croit au premier coup-d'œil ; que les armées très nombreuses doivent être & sont ordinairement bien plus funestes à la Nation, qui s'épuise pour les employer, qu'à l'ennemi qu'elles combattent ; & que la partie militaire d'une Nation, ne peut ni subsister, ni agir que par la partie contribuable.

Quelques esprits superficiels supposent que les grandes richesses d'un Etat s'obtiennent par l'abondance des hommes : mais leur opinion vient de ce qu'ils oublient que les hommes ne peuvent obtenir & perpétuer les richesses que par les richesses, & qu'autant qu'il y a une proportion convenable entre les hommes & les richesses.

Une Nation croit toujours qu'elle n'a pas assez d'hommes ; & on ne s'apperçoit pas qu'il n'y a pas assez de salaire pour soutenir une plus grande population, & que les hommes sans fortune ne sont profitables dans un pays qu'autant qu'ils y trouvent des gains assurés pour y subsister par leur travail. Au défaut de gains ou de salaire, une partie du peuple des campagnes peut à la vérité faire naître pour se nourrir, quelques productions de vil prix qui n'exigent pas de grandes dépenses ni de longs travaux, & dont la récolte ne se fait pas attendre long-tems : mais ces hommes, ces productions & la terre où elles naissent, sont nuls pour l'Etat. Il faut, pour tirer de la terre un revenu, que les travaux de la campagne rendent un produit net au-delà des salaires payés aux ouvriers, car c'est ce produit net qui fait subsister les autres classes d'hommes nécessaires dans un Etat. C'est ce qu'on ne doit pas attendre des hommes pauvres qui labourent la terre avec leurs bras ou avec d'autres moyens insuffisans ; car ils ne peuvent que se procurer à eux-seuls leur subsistance en renonçant à la culture du blé qui exige trop de tems, trop de travaux, trop de dépenses pour être exécutée par des hommes dénués de facultés & réduits à tirer leur nourriture de la terre par le seul travail de leurs bras.

Ce n'est donc pas à de pauvres Paysans, que vous devez confier la culture de vos terres. Ce sont les animaux qui doivent labourer & fertiliser vos champs: c'est la consommation, le débit, la facilité & la liberté du commerce intérieur & extérieur, qui assurent la valeur vénale qui forme vos revenus. Ce sont donc des hommes riches que vous devez charger des entreprises de la culture des terres & du commerce rural, pour vous enrichir, pour enrichir l'Etat, pour faire renaître des richesses intarrissables, par lesquelles vous puissiez jouir largement des produits de la terre & des Arts, entretenir une riche défense contre vos ennemis, & subvenir avec opulence aux dépenses des travaux publics pour les commodités de la Nation, pour la facilité du commerce de vos denrées, pour les fortifications de vos frontieres, pour l'entretien d'une Marine redoutable, pour la décoration du Royaume, & pour procurer aux hommes de travail des salaires & des gains qui les attirent & qui les retiennent dans le Royaume. Ainsi le Gouvernement politique de l'agriculture & du commerce de ses productions est la base du Ministere des Finances, & de toutes les autres parties de l'administration d'une Nation agricole.

Les grandes armées ne suffisent pas pour former une riche défense ; il faut que le soldat soit bien payé pour qu'il puisse être bien discipliné, bien exercé, vigoureux, content & courageux. La guerre sur terre & sur mer emploie d'autres moyens que la force des hommes, & exige d'autres dépenses bien plus considérables que celles de la subsistance des soldats. Aussi ce sont bien moins les hommes que les richesses qui soutiennent la guerre : car tant qu'on a des richesses pour bien payer les hommes on n'en manque pas pour réparer les armées. Plus une Nation a de richesses pour faire renaître annuellement les richesses, moins cette réproduction annuelle occupe d'hommes, plus elle rend de produit net, plus le Gouvernement a d'hommes à sa disposition pour le service & les travaux publics ; & plus il y a de salaire pour les faire subsister, plus ces hommes sont utiles à l'Etat par leurs emplois & par leurs dépenses qui font rentrer leur paye dans la circulation.

Les batailles gagnées où l'on ne tue que des hommes, sans causer d'autres dommages, affoiblissent peu l'ennemi si le salaire des hommes qu'il a perdu lui reste, & s'il est suffisant pour attirer d'autres hommes. Une armée de cent mille hommes bien payés est une armée d'un million d'hommes ; car toute armée où la soide attire des hommes ne peut être détruite : c'est alors aux soldats à se défendre courageusement ; ce sont eux qui ont le plus à perdre, car ils ne manqueront pas de successeurs bien déterminés à affronter les dangers de la guerre. C'est donc la richesse qui soutient l'honneur des armes. Le Héros qui gagne des batailles, qui prend des villes, qui acquiert de la gloire, & qui est le plutôt épuisé, n'est pas le Conquérant. L'Historien qui se borne au merveilleux dans le récit des exploits militaires, instruit peu la postérité sur les succès des événemens décisifs des guerres, s'il lui laisse ignorer l'état des forces fondamentales & de la politique des Nations dont il écrit l'histoire ; car c'est dans l'aisance permanente de la partie contribuable des Nations, & dans les vertus patriotiques, que consiste la puissance permanente des Etats.

Il faut penser de même à l'égard des travaux publics qui facilitent l'accroissement des richesses, tels sont la construction des canaux, la réparation des chemins, des rivieres, &c. qui ne peuvent s'exécuter que par l'aisance des contribuables en état de subvenir à ces dépenses sans préjudicier à la réproduction annuelle des richesſes de la Nation : autrement de tels travaux ſi étendus, quoique fort déſirables, ſeroient par les impoſitions déréglées, où par les corvées continuelles, des entrepriſes ruineuſes dont les ſuites ne ſeroient pas réparées par l'utilité de ces travaux forcés & accablants ; car le dépériſſement d'un Etat ſe répare difficilement. Les cauſes deſtructives qui augmentent de plus en plus rendent inutiles toute la vigilance & tous les efforts du Miniſtère, lorſqu'on ne s'attache qu'à réprimer les effets & qu'on ne remonte pas juſqu'au principe : ce qui eſt bien prouvé, pour le tems, par l'Auteur du Livre intitulé : *le détail de la France ſous Louis XIV*, imprimé en 1699. Cet Auteur rapporte lés commencemens de la décadence du Royaume à l'année 1660, & il en examine les progrès juſqu'au tems où il a publié ſon Livre : il expoſe que les revenus des biens fonds qui étoient de 700 millions (1400 millions de notre monnoie d'aujourd'hui), avoient diminué de moitié depuis 1660 juſqu'en 1699 : il obſerve que ce n'eſt pas à la quantité d'impôts, mais à la mauvaiſe forme d'impoſition & à ſes déſordres, qu'il faut imputer cette énorme dégradation. On doit juger de-là des progrès de cette diminution, par la continuation du même genre d'adminiſtration. L'impoſition devint ſi déſordonnée qu'elle monta ſous Louis XIV à plus de 750 millions qui ne rendoient au Trésor Royal que 250 millions (*); ce qui enlevoit annuellement aux contribuables la jouissance de 500 millions, sans compter la dégradation annuelle que causoit la taille arbiraire établie sur les Fermiers. Les impositions multipliées & ruineuses sur toute espece de dépenses s'étendoient par repompement sur la dépense de l'impôt même, au détriment du Souverain pour lequel une grande partie de ses revenus devenoit illusoire. Aussi remarque-t-on que par une meilleure administration on auroit pû en très peu de tems augmenter beaucoup l'impôt, & enrichir les Sujets en abolissant ces impositions si destructives, & en ranimant le commerce extérieur des grains, des vins, des laines, des toiles, &c. Mais qui auroit osé entreprendre une telle reforme dans des tems où l'on n'avoit nulle idée du Gouvernement économique d'une Nation agricole? On auroit cru alors renverser les colonnes de l'édifice.

(*) Voyez les *Mémoires pour servir à l'Histoire générale des Finances*, par M. D. de B.

Fin des Notes.